Tom Wujec

Fitness für den Kopf

Tom Wujec

Fitness für den Kopf

Übungen und Spiele für einen wachen Geist

Aus dem Amerikanischen von
Ditte König und Giovanni Bandini

ARISTON

Dieses Buch erschien in einer früheren Ausgabe unter dem Titel »Salto Mentale«.
Die vorliegende Fassung wurde leicht gekürzt und vollständig überarbeitet.

Bibliografische Information der Deutschen Bibliothek

Die Deutsche Bibliothek verzeichnet diese Publikation
in der Deutschen Nationalbibliografie; detaillierte bibliografische Daten
sind im Internet unter http://dnb.ddb.de abrufbar.

Redaktion: Andreas Kobschätzky, Landsberg a. Lech
Umschlaggestaltung: FranklDesign, München
Umschlagmotiv: Shivananda Ackermann
Produktion: Ortrud Müller
Satz: EDV-Fotosatz Huber/Verlagsservice G. Pfeifer, Germering
Druck und Bindung: Druckerei Uhl, Radolfzell am Bodensee
Printed in Germany

ISBN 3-7205-2663-1

Inhalt

Dieses Buch ist meinen Eltern gewidmet –
Alexandra Wujec, die mir zeigte,
dass Disziplin Spaß machen kann,
und Stanley Wujec, der mir zeigte,
wie wichtig es ist,
etwas loslassen zu können.

Vorwort

Ich möchte meinem Verlag für seine Hilfe, seine Ermutigung und den Enthusiasmus danken, mit dem er dieses Buchprojekt unterstützt hat. Weiterhin danke ich all denen, die in der einen oder anderen Weise an der Entstehung dieses Buches beteiligt waren: Peter Taylor, meinem Agenten, der mich zur Realisierung dieses Projektes ermutigte; Charlie Menendez für zahlreiche nächtelange, inspirierende Gespräche; Brant Cowie für die Ideen zu den Abbildungen; Maggie Reeves, die dafür sorgte, dass ich mich nicht verzettelte und dass ich den Zeitplan einhielt; Pippa Campsie, die Anregungen, Ideen und großartige Mittagessen beisteuerte; Peter Turney, der meine Gehirntätigkeit immer wieder in Schwung brachte; Barney Gilmore, der insgesamt eine Inspiration ist; Chris Sasaki für seine Einsichten; Ken Deaton für seine Geistesblitze; Wayne und Pam Weaver von den *Main-Frame Computer Graphics* sowie Patrick Lee von *Interaxis* für ihre technischen Zaubereien; Larry und Ellen Oberlander, die mir zeigten, dass es Fitness-Center für jeden Bedarf gibt; und E. J., der mir zeigte, was Training wirklich bedeuten kann. Vor allem aber bin ich meiner Frau Susan für ihre Anregungen dankbar und dafür, dass sie mir während der langen Monate des Schreibens stets zur Seite gestanden hat. Ich kann ihr nicht genug für ihre Geduld, Liebe und Hilfe danken.

Tom Wujec
Toronto, Kanada

Besseres Denken und besser denken

Wie würden Sie den Grad Ihrer geistigen Fitness einschätzen?

- ☐ **Hoch**: Meine geistige Leistungsfähigkeit ist außergewöhnlich. Sie können mich ruhig »Leonardo« nennen.
- ☐ **Mittel**: Ich habe gelegentlich neue, kreative Gedanken und zuweilen beanspruche ich meine Denkmuskeln.
- ☐ **Niedrig**: Mein Geist gleicht einer Schüssel voll Wackelpudding. Ich habe ein Mentaltraining bitter nötig.

Die Anatomie geistiger Fitness

Gleichgültig, zu welcher Kategorie Sie sich rechnen, vergessen Sie bitte nicht, dass Ihre geistige Fitness – also Ihre Fähigkeit, sich zu konzentrieren, zu überlegen, zu visualisieren, sich Dinge vorzustellen, Entscheidungen zu treffen, Probleme zu bewältigen, klar und kreativ zu denken – in hohem Maße davon abhängt, wie gut und wie oft Sie Ihren Geist trainieren. Wenn Sie das Gefühl haben, geistig nicht mehr in Form zu sein, dann lassen Sie den Kopf nicht hängen: Einfach dadurch, dass Sie Ihre Denkmuskeln trainieren, werden Sie bedeutende Fortschritte machen. Fühlen Sie sich jedoch bereits fit, dann machen Sie sich bewusst, dass weitere Übungen Ihren Geist in Höchstform bringen werden. Auch Spitzensportler müssen schließlich trainieren. Das geistige Fitnessprogramm beginnt mit der Frage:

Wie kann ich meine geistigen Leistungen verbessern?

Machen Sie sich zunächst einmal mit den verschiedenen »Muskeln« Ihres Gehirns vertraut. Probieren Sie zu diesem Zweck nun die folgende Übung aus.

Geistige Rundreise

Stellen Sie sich vor, Sie hielten eine Orange in der Hand.
Malen Sie sich aus, wie sie sich anfühlen,
wie sie aussehen
und wie sie riechen würde.

Versuchen Sie einige Augenblicke lang, ein möglichst klares
Bild zu erhalten.

Stellen Sie sich nun vor, wie Sie die Orange schälen,
sie zerteilen und in ein Stück hineinbeißen.
Untersuchen Sie jetzt ein Stück ganz genau.

Fragen Sie sich, wie die Orange aussehen würde, wenn Sie sie
tausend- oder millionenfach vergrößern könnten.
Wie sehen wohl die Zellen aus?
Wie sehen wohl die Moleküle aus?

Versuchen Sie, sich während der nächsten Minuten all dessen
bewusst zu werden, was Sie über Orangen wissen oder nicht wissen.

Denken Sie darüber nach, was eine Orange zu einer Orange macht,
warum sie schmeckt, wie sie schmeckt,
wie viele verschiedene Sorten Orangen es geben mag,
wie sich die Orangen im Laufe der Jahrhunderte wohl entwickelt haben,
was man mit ihnen alles anfangen kann
und wie man gute Orangenmarmelade herstellt.

Während Sie über die Orange nachdenken,
achten Sie genau auf die Beschaffenheit Ihrer Gedanken.
Legen Sie jetzt das Buch einen Augenblick beiseite und
beginnen Sie zu denken.

Wie die meisten Menschen werden auch Sie wahrscheinlich festgestellt haben, dass umso mehr Ideen, Assoziationen und Querverbindungen in Ihrer Vorstellung auftauchten, je länger Sie über die Orange nachdachten. Vielleicht haben Sie sich über die physikalischen Eigenschaften der Orange Gedanken gemacht. Möglicherweise haben Sie auch die Geschichte und die ökonomische Bedeutung dieser Frucht in Ihre Überlegungen einbezogen. Es könnte Ihnen aufgefallen sein, dass »Orange« kein deutsches Wort ist und dass sich auch kein deutsches Wort darauf reimt. Indem Sie abwechselnd geistige Bilder erzeugten, in die Tiefen Ihres Gedächtnisses eindrangen und sich Gedanken machten, sprangen Sie zwischen einzelnen Denkarten hin und her: Sie bewegten oder beanspruchten verschiedene geistige Muskeln.

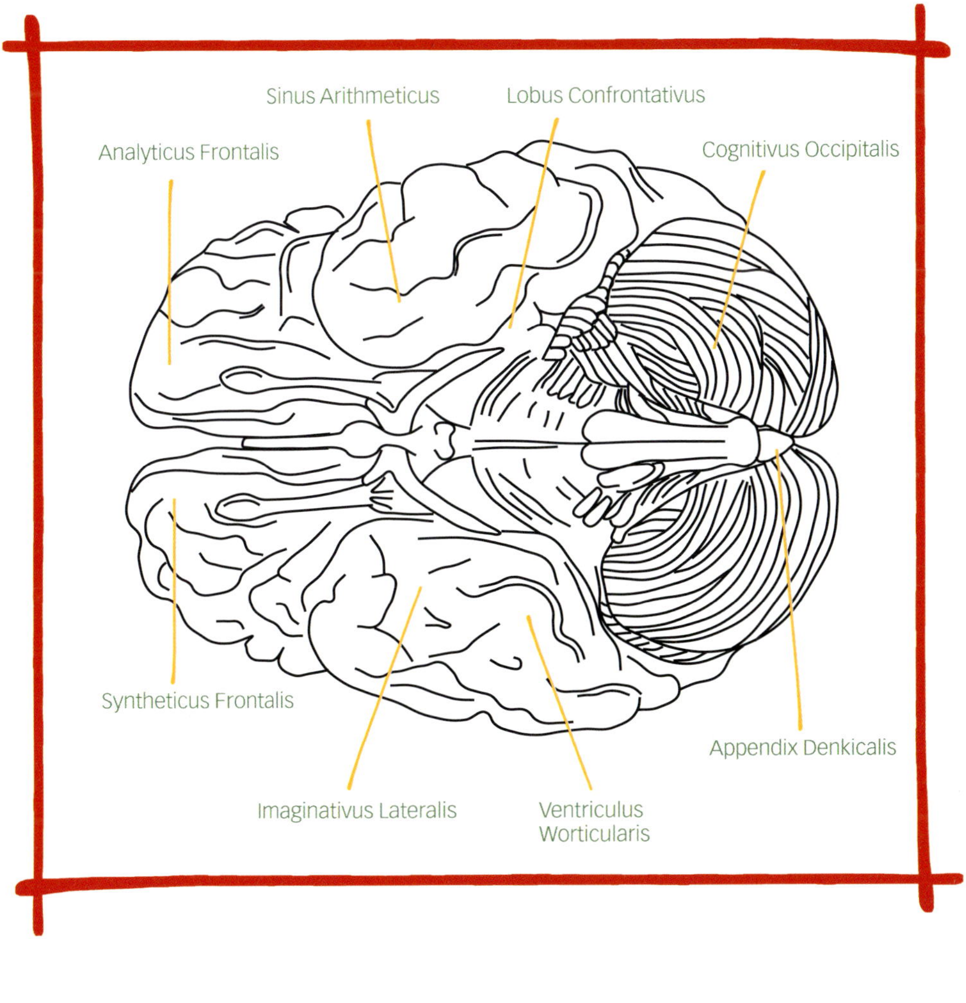

Es gibt spezifische Muskeln für jede Art zu denken: für das logische Denken, das metaphorische, das analytische, das kritische, das verbale und das visuelle Denken. Diese Denkmuskeln ermöglichen uns, durch unsere innere Welt zu reisen.

In der Turnhalle des Lebens zwingen uns die wechselnden Erfordernisse des Alltags, jeweils unterschiedliche Denkmuskeln zu beanspruchen. Manchmal müssen wir uns mit kritischem Denken und kalter, harter Logik abmühen; zu anderen Zeiten können wir uns entspannen, loslassen und spielerisch neue Bereiche erforschen. Einmal arbeiten wir kontinuierlich, ausdauernd, fleißig und erfolgreich an einer bestimmten Aufgabe; ein anderes Mal lösen wir geradezu spielerisch mehrere Probleme gleichzeitig. Ebenso wie verschiedene Körpermuskeln zusammenarbeiten, um eine physische Bewegung zu bewirken, arbeiten auch verschiedene Geistesmuskeln zusammen, um klares, zielgerichtetes Denken zu ermöglichen. Vereinfacht ausgedrückt kann man sagen, dass vier Grundeigenschaften einen wirklich leistungsfähigen Geist kennzeichnen. Diese Eigenschaften sind:

Geistige Stärke

Geistige Ausdauer

Geistige Flexibilität

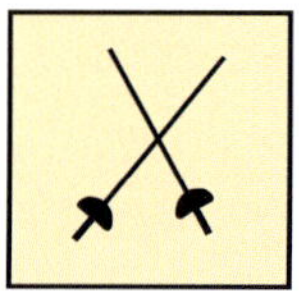
Geistige Koordination

Jedes Mal, wenn Sie Ihren Verstand mit einer Aufgabe betrauen, die Konzentration erfordert, machen Sie Gebrauch von Ihrer *geistigen Stärke*. Dies ist beispielsweise dann der Fall, wenn Sie vor einer schwierigen Entscheidung die verschiedenen Möglichkeiten im Kopf durchgehen, wenn Sie es mit einem komplizierten mathematischen Problem zu tun haben, wenn Sie eine Abrechnung machen oder überhaupt Ihre Aufmerksamkeit längere Zeit auf eine einzige Sache gerichtet halten. Geistige Stärke ist die Fähigkeit, sich zu konzentrieren – und zwar wann immer, so intensiv und so lange man möchte.

Für innovative und kreative Aufgaben benötigen wir elastische und geschmeidige Denkmuskeln. *Geistige Flexibilität* ist die Fähigkeit, von einem Denkmodus in den anderen zu schalten. Es ist ein spielerischer Prozess, bei dem wir mit neuen Ideen experimentieren, neue Kombinationen finden und uns neuen Denkrichtungen öffnen. Wir legen Begriffe frei aus, verdrehen Ideen und bringen unseren Geist in ungewohnte Positionen, um neue Möglichkeiten zu erforschen. Geistige Flexibilität ist eine Mischung aus Artistik, holistischem Denken, Kreativität und Brainstorming, gewürzt mit einer Prise Zen.

Sollen unsere Vorstellungen und Ideen in die Tat umgesetzt werden, brauchen wir *geistige Ausdauer.* Geistiges Durchhaltevermögen ist die Fähigkeit, auch langwierige Aufgaben zu bewältigen, ohne sich ablenken oder entmutigen zu lassen. Es ist die Fähigkeit, durchzuhalten und den Weg bis zu Ende zu gehen.

Geistige Koordination schließlich benötigt man, um eine Aufgabe oder auch mehrere präzise und genau zur richtigen Zeit zu bewältigen. Geistige Koordination ist exaktes Timing, Balance und Gewandtheit. Es ist das Vermögen, seine Gedanken so aufeinander abzustimmen, dass man stressfrei mehrere Dinge gleichzeitig erledigen, einer ungewissen Zukunft gelassen entgegentreten, um des Lernens willen lernen und nach höheren Idealen streben kann.

Diese vier Grundeigenschaften – Stärke, Flexibilität, Ausdauer und Koordination – machen die wahre geistige Leistungsfähigkeit aus. Indem wir unseren Geist auf unterschiedliche Weise dehnen, beugen, anstrengen und bewegen, ihn also verschiedene Übungen ausführen lassen, werden wir eine optimale geistige Fitness erreichen.

Wer rastet, der rostet

Warum haben manche von uns einen scharfen, leistungsfähigen Verstand, einen Geist, der von kreativen Ideen geradezu übersprudelt, und andere nicht? Hierfür gibt es zwei Hauptgründe: die Anforderungen des Alltags und den Sog geistiger Angewohnheiten.

Ein Maurer hat es nicht nötig, seine Arme zu trainieren. Sie werden schon durch das tägliche Mörtelmischen und Steineschleppen gekräftigt. Ebenso wenig muss ein Buchhalter seine Rechenkünste auffrischen. Da er ständig mit Zahlen umgeht, werden seine mathematischen Muskeln ohnehin fit gehalten.

Wenn Ihre Denkmuskeln durch Ihre alltäglichen Umstände nicht beansprucht werden, dann fehlen Ihnen die zur geistigen Fitness notwendigen Anregungen. Befinden Sie sich jedoch häufig in Situationen, in denen Sie klar und effektiv denken müssen, werden Ihre Muskeln zusehends stärker und reaktionsfähiger. Am besten lässt sich diese einfache Regel mit dem alten Sprichwort wiedergeben: »Wer rastet, der rostet.«

Gewohnheiten sind einfach die Neigung, etwas zu tun, ohne darüber nachdenken zu müssen. Ob es uns nun passt oder nicht: Unser ganzes Leben, vom morgendlichen Zähneputzen bis hin zur Verwirklichung langfristiger Ziele, basiert weitgehend auf unserem persönlichen Repertoire an gewohnheitsmäßigen und deshalb automatisch ablaufenden Handlungen. Das muss auch so sein. Denn wer möchte schon jeden Morgen aufs Neue das Zähneputzen erlernen!

Auch unser geistiges Leben – also all das, was wir wahrnehmen, der Grad unserer Aufmerksamkeit, wie gut wir lernen, in welcher Weise wir uns mit Problemen auseinander setzen, worüber wir uns sorgen und freuen, was wir den Tag über denken und so weiter – wird weitgehend von Gewohnheiten bestimmt.

Um geistig wirklich leistungsfähig zu werden, brauchen wir uns nur ein bestimmtes, gut ausgewähltes Sortiment an Gewohnheiten zuzulegen, mit deren Hilfe wir dahin kommen, wohin wir wollen. Geistig durchtrainierte Menschen können ihren Verstand zu jeder beliebigen Zeit fordern. Sie sind an allem, was in der Welt vorgeht, interessiert, und sie versuchen immer, den Dingen auf den Grund zu gehen. Sie wissen auch, wie man Gewohnheiten durch bewusstes, willentliches Handeln ablegt oder ändert, und sie können sich nützliche neue Gewohnheiten zulegen – etwa weniger vor sich hin zu träumen, Entscheidungen gründlicher abzuwägen und größeren Mut zum Risiko zu entwickeln. Alle diese guten Gewohnheiten ermutigen den Verstand dazu, reaktionsfreudiger zu werden und letztlich die wichtigste Gewohnheit überhaupt zu entwickeln: die Gewohnheit, gute Gewohnheiten zu entwickeln.

Was ist eine gute geistige Übung?

Das Lösen von Kreuzworträtseln – Examensvorbereitungen – ein Fernsehinterview führen – Auf der Bühne improvisieren – Einen schwierigen Text durcharbeiten – Ein Feinschmeckermahl kochen – Ein Kaugummi-Werbegedicht verfassen – Das Gesicht eines Freundes visualisieren – Sich vergegenwärtigen, wann und wie man das letzte Mal Eis gegessen hat – Die Nationalhymne rückwärts aufsagen – Sich an die Namen seiner Volksschullehrer erinnern – Die Zahlenreihe 2, 4, 8, 16 so weit wie möglich fortsetzen – Eine neue Sprache erlernen – Eine überzeugende Lüge erzählen – Einen Computer programmieren – Herausbekommen, wie ein Toaster funktioniert – Eine realistische Landschaft zeichnen – Schlechte Laune in gute verwandeln – Über die Unendlichkeit meditieren – Ein Dokumentarspiel schreiben – Eine wichtige Unterhaltung des letzten Monats nachvollziehen – Seinen Chef um eine Gehaltserhöhung bitten – Mit Fingerfarben malen – Seine Launen unter Kontrolle halten – Sein Schlafzimmer umgestalten – Autoritäten infrage stellen – Eine bessere Mausefalle konstruieren – Einem Vierjährigen erklären, warum der Himmel blau ist – Einen Vertrag aushandeln – Beim Pokerspiel bluffen – Ein Videospiel spielen – Nach der Wahrheit suchen.

Erste Station: Lockerungsübungen

Belassen Sie jeden Teil Ihres Körpers
in seiner gegenwärtigen Position.
Achten Sie genau auf Ihre Haltung,
Ihren Gesichtsausdruck,
die Stellung Ihrer Finger.

Suchen Sie nach jeder Verspannung in Ihren Wangenmuskeln,
in Ihren Augenbrauen,
in Ihrem Magen
und in Ihren Beinen.

Sind Ihre Schultern hochgezogen?
Sind Ihre Zehen gekrümmt?
Wie ist Ihre Körperhaltung?
Wenn Sie Ihre Muskeln jetzt völlig entspannten,
in welche Richtung würden Sie dann fallen?

Versuchen Sie eine klare Empfindung von Ihrem Körper und
Ihrem Geist zu erhalten.
Lösen Sie alle Spannungen, die Sie entdecken,
atmen Sie einige Male tief durch,
fahren Sie dann mit der Übung fort.

Das Spiel der Aufmerksamkeit

Stellen Sie sich vor, Sie verfügen über insgesamt 100 Volt Aufmerksamkeit. Jedes Mal, wenn Sie sich mit irgendetwas beschäftigen, setzen Sie eine bestimmte Menge dieser geistigen Energie ein. Sobald Sie sich jedoch ablenken lassen oder zerstreut sind, wird ein Teil davon verschwendet. Stellen Sie sich beispielsweise vor, dass Sie gerade an Ihrem Schreibtisch sitzen und an einem Referat arbeiten. Ihr Körper nimmt dabei allmählich eine unbequeme Haltung ein – einige Muskeln verkrampfen sich. Dadurch wird automatisch ein Teil Ihrer Aufmerksamkeit von Ihrem Referat abgezogen. Obwohl Sie sich möglicherweise dieser physischen Spannung gar nicht bewusst sind, wirkt sie sich doch auf Ihre geistige Energie aus. Sie verlieren, sagen wir, 25 Volt Aufmerksamkeit, ein Viertel Ihres Gesamtvorrates.

Stellen Sie sich nun vor, dass Sie, während Sie mit Ihrer Arbeit fortfahren, von einer gewissen Lustlosigkeit befallen werden. Sie empfinden Ihr Referat mit einem Mal als lästige Pflicht und Sie spüren einen leichten inneren Zwiespalt. Ein Teil von Ihnen möchte weiterarbeiten, ein anderer Teil hat aber keine Lust dazu. Und wieder sind 25 Volt weg.

Stellen Sie sich nun vor, wie Sie von Ihrem Referat abzuschweifen beginnen. Ihre Gedanken wandern zu anderen Interessen oder Problemen: zu einem künftigen Urlaub, Ihrer Hypothek, einem kürzlich gesehenen Film oder dem schmutzigen Geschirr, das auf Sie wartet. Während das vor Ihnen liegende Referat in den Hintergrund gedrängt wird, verlieren Sie weitere 25 Volt. Drei Viertel der Gesamtmenge sind inzwischen vergeudet.

Und nun stellen Sie sich vor, dass Sie aus einem anderen Zimmer der Wohnung das schwache Geräusch eines tropfenden Wasserhahns vernehmen. Wenn es andauert, bleibt Ihnen zu guter Letzt womöglich überhaupt keine Aufmerksamkeit mehr übrig!

Unser Denken wird von einer Flut von Wörtern und Bildern überschwemmt. Wie Bälle springen unsere Gedanken blitzschnell in unvorhersehbare Richtungen. Wir verlieren einen mehr oder weniger hohen Prozentsatz unserer Aufmerksamkeit an Ablenkungen und allerlei Problemen. Die Folge davon ist, dass wir nicht mit unserer vollen Leistungskraft arbeiten. Bevor wir unser Denkvermögen beanspruchen, sollten wir uns deshalb geistig lockern.

Wie kann man aber seine Denkmuskeln lockern? Eine gute Methode ist beispielsweise, seine Aufmerksamkeit zu sammeln und sein Bewusstsein auf das Hier und Jetzt zu richten. Wir können dies erreichen, indem wir »herunterschalten«, uns entspannen und unseren Gedanken, Sorgen und Verspannungen erlauben, durch unseren Geist zu ziehen; oder aber, indem wir unsere Aufmerksamkeit auf einen einzigen Gegenstand oder eine einzige Aufgabe konzentrieren. Es ist dabei – gleichgültig für welche dieser Möglichkeiten wir uns auch entscheiden – von ausschlaggebender Bedeutung, dass wir die unwichtigen Gedanken loslassen, die unser Denken überladen. Versuchen Sie es, und Sie werden einige Ihrer 100 Volt wiedererlangen.

Lassen Sie uns jetzt also den Weg des Loslassens einschlagen. Geistige Entspannung sollte stets beim Körper beginnen. Indem Sie die Spannungen in Ihren Schultern lösen, tief und gleichmäßig atmen und die zarten Muskeln um Mund und Augen entkrampfen, setzen Sie den physischen Ausdruck der Spannung frei. Indem wir unseren Körper entspannen, entspannen wir automatisch auch unseren Geist.

Die große Rundreise

Schließen Sie die Augen, nehmen Sie eine bequeme Haltung ein
und verbringen Sie einige Minuten damit, Ihren Körper zu entspannen.

Lassen Sie Ihren Körper locker und schlaff werden.
Erlauben Sie Ihrem Gewicht, schwer zu werden,
und Ihren Muskeln, sich zu entspannen.

Richten Sie Ihre Aufmerksamkeit eine Zeit lang nur darauf, wie
sich Ihr Körper anfühlt.
Konzentrieren Sie sich auf die körperlichen Empfindungen
in Ihren Armen, Ihren Schultern, Ihrem Rücken, Ihrem Kopf,
Ihrem Magen und Ihren Beinen,
ebenso in Ihrer Brust, Ihrem Unterleib und Ihren Hüften.

Verlagern Sie nun Ihre Aufmerksamkeit allmählich auf Ihren Atem.
Konzentrieren Sie sich auf die Empfindung der Luft,
die durch Ihre Nasenlöcher strömt.

Während Sie ein- und ausatmen, erlauben Sie Ihrer Atmung,
immer ruhiger und gleichmäßiger zu werden.
Versuchen Sie nicht, Ihren Atem zu zwingen,
lassen Sie ihn natürlich fließen.

Jedes Mal, wenn Sie einen ablenkenden Gedanken in Ihrem Geist bemerken,
lassen Sie sich durch ihn daran erinnern,
Ihre Aufmerksamkeit wieder auf Ihren Körper zu richten.
Verlagern Sie sanft den Schwerpunkt Ihrer Konzentration
wieder auf Ihre Empfindungen.

Erlauben Sie sich, alles vollständig loszulassen
und tief in das warme Gefühl der Entspannung einzutauchen.

Werden Sie innen so still, dass Sie fühlen,
wie Ihr Herz
in Ihrem ganzen Körper schlägt.

Während Ihre Aufmerksamkeit mit jedem Atemzug klarer wird,
benutzen Sie sie dazu, Ihren Körper nach und nach zu entspannen.

Beginnen Sie damit, dass Sie sich im Geiste Ihr Gesicht vorstellen.
Visualisieren Sie Ihre Augen, den Mund, die Wangen und die Kinnlade.
Machen Sie sich ein deutliches geistiges Bild von jeder Gesichtspartie
und entspannen Sie sich weiter, indem Sie sie betrachten.

Während Sie Ihre Aufmerksamkeit auf die einzelnen Partien
Ihres Gesichts gerichtet halten,
entdecken Sie möglicherweise leichte Verspannungen.
Erlauben Sie ihnen einfach, sich durch die Visualisierung zu lösen.

Sobald Ihr Gesicht vollkommen entspannt ist,
gehen Sie zu Ihren Ohren, dem Nacken,
den Schultern, Armen und Fingern über.
Visualisieren Sie, wie jeder Körperteil immer lockerer wird
und sich weiter entspannt.
Je klarer Ihr Bild ist, desto tiefer entspannen Sie sich.

Fahren Sie nun damit fort, auch Ihren ganzen übrigen Körper
zu visualisieren:
Ihre Brust, den Rücken, den Magen, die Beine, Ihre Knie und Zehen.
Denken Sie daran, dass Sie sich nicht beeilen müssen,
gönnen Sie sich die genussvolle Erfahrung einer Rundreise
durch Ihren Körper.

Wenn Sie die Visualisierung Ihrer Zehen abgeschlossen haben,
sehen Sie Ihren ganzen Körper
als ein entspanntes, empfindendes Standbild.
Tauchen Sie in das Gefühl
vollkommener Entspannung ein.

Lassen Sie einfach alles los.

Legen Sie das Buch beiseite,
nehmen Sie sich zehn bis fünfzehn Minuten Zeit
und lockern Sie Ihren Körper –
innen und außen.

Körperliche Entspannung

Der Schlüssel zur Entspannung des Körpers ist die Konzentration auf die körperliche Empfindung der Entspannung. Wenn wir den Gedankengängen in unserem Kopf folgen, werden wir durch deren Eigendynamik leicht mitgerissen und abgelenkt. Wenn wir dagegen in unsere Empfindungen eintauchen und unsere Aufmerksamkeit auf die Gefühle unseres Körpers – an der Oberfläche und tief innen – richten, wird sich unser Denken allmählich beruhigen.

Die Konzentration auf den Rhythmus des Atems ist eine gute Methode, sich um die Empfindung des eigenen Körpers zu zentrieren. Zwischen unserem Atem und unserem Geisteszustand besteht eine wesentliche Verbindung. Sind wir aufgeregt, wird unsere Atmung in der Regel flach und ungleichmäßig; sind wir dagegen ruhig und gesammelt, geht unser Atem tief und gleichmäßig. Um also Ihre Aufmerksamkeit – beispielsweise vor einer Konferenz, einer problematischen Begegnung oder vor eine Prüfung – zu sammeln, sollten Sie Ihren Körper entspannen und die Atmung beruhigen. Versuchen Sie nun, einige Augenblicke lang nichts anderes zu empfinden als Ihre Atmung. Lassen Sie sie langsam und rhythmisch werden. Erzwingen Sie jedoch nichts. Lassen Sie Ihren Atem ganz natürlich fließen.

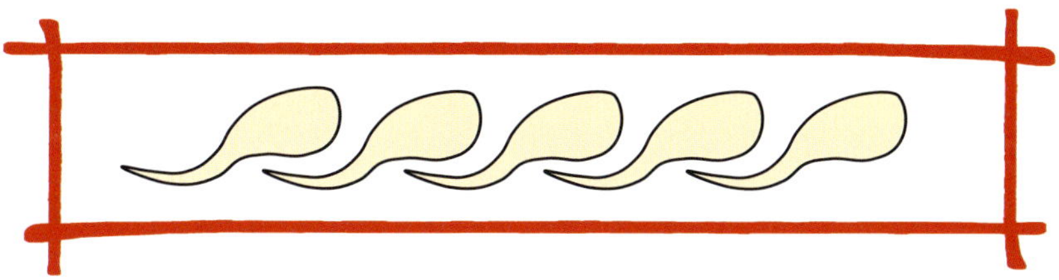

Sich innerlich lockern

Sich geistig zu lockern bedeutet nicht, die Gedanken abzuschalten. Seine Gedanken vollständig abzublocken ist fast so schwierig wie die Luft anzuhalten – und vielleicht ebenso wenig nützlich. Lockern bedeutet vielmehr, sich *von dem Drang zu befreien*, jedem einzelnen Gedanken, der einem in den Sinn kommt, nachzugehen. Lassen Sie die Gedanken einzeln »passieren«, aber befreien Sie sich vom zwanghaften Bedürfnis, sich mit ihnen abzugeben.

Wie befreien wir uns von der magnetischen Anziehungskraft unserer alltäglichen Gedanken? Eine gute Methode ist das Zählen. Artikulieren Sie bei jedem Ausatmen im Geiste eine Zahl. Zählen Sie langsam von eins bis zehn, dann rückwärts von zehn bis eins. Erlauben Sie Ihren Gedanken, zwischen den Zahlen zu passieren, richten Sie dann aber Ihre Aufmerksamkeit wieder auf die Zahlen. Wie der Rhythmus der sich brechenden Brandung hat der Rhythmus Ihrer Worte Macht, zu beruhigen und zu entspannen, Sie auf den geistigen Gezeiten und Strömungen schwimmen zu lassen.

Sie können das Loslassen auch sehr gut dadurch üben, dass Sie Ihr Bewusstsein als einen weiten, offenen, blauen Himmel visualisieren. Die Gedanken sind Vögel, die zunächst in der Ferne auftauchen, dann über Sie hinwegfliegen und am Horizont wieder verschwinden. Sobald ein Gedanke erscheint, versuchen Sie nicht, ihn zu hetzen; lassen Sie ihn einfach vorüberfliegen.

Wenn Sie Ihre Gedanken in dieser Weise gründlich betrachten, werden Sie erkennen, dass jeder von ihnen seinen eigenen »Charakter« hat. Einige sind schnell, andere langsam. Einige beziehen sich auf die Zukunft, andere

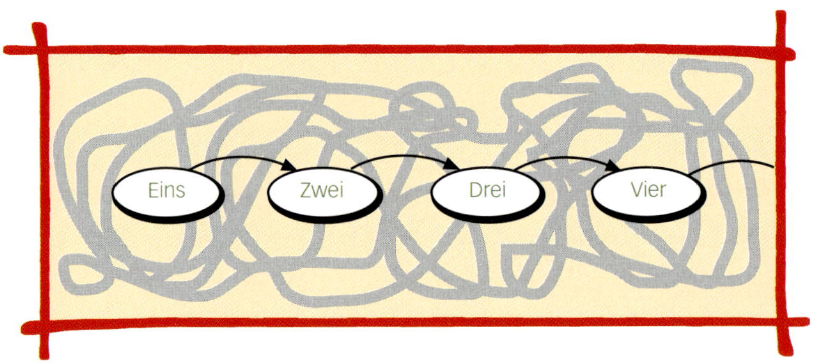

auf die Vergangenheit. Indem wir lernen, unsere Gedanken zu akzeptieren, ohne sie manipulieren, analysieren oder sichten zu wollen, werden wir mit der Zeit auch ihre Klangfarbe und ihr Muster direkt erfahren.

Geistiges Aufräumen

Wir können uns auch dadurch geistig lockern, dass wir uns bewusst machen, was wir für unaufschiebbare Verpflichtungen halten. Schreiben Sie auf einem Blatt Papier *alles* auf, was Sie gegenwärtig gedanklich beschäftigt.

Diese Technik hat die psychologische Wirkung, dass sie die geistige Unordnung in unserem Kopf beseitigt. Wenn Sie mit einem Blick alle Probleme überschauen können, mit denen Sie sich bewusst befassen müssen oder die Sie unbewusst beschäftigen, können Sie sich direkt mit ihnen auseinander setzen. Liegen die Forderungen Ihrer Gedanken offen auf dem Tisch, dann können Sie beispielsweise das Gefühl neutralisieren, etwas vergessen oder unterlassen zu haben. Sie können Entscheidungen fällen, Prioritäten setzen und Ihre Aufmerksamkeit wieder ungeteilt auf das Hier und Jetzt richten. Gegebenenfalls können Sie sich auch vorübergehend damit beruhigen, dass Sie später noch einmal auf bestimmte Forderungen zurückkommen werden.

Gedankenliste

Finanzen überprüfen
Brief an Willi schreiben
Mit Michael über Lieferfrist reden
Ölwechsel machen lassen
Susanne in der Bibliothek anrufen
Geschenk für Robin besorgen
Wasserhahn reparieren
Klaus und Andrea besuchen
Autokarte für den Urlaub besorgen
Tobias anrufen
Trainieren

Der magische massierende Finger

Visualisieren Sie Ihr Gehirn in Ihrem Kopf.
Stellen Sie sich bildlich vor, wie es hinter Ihren Augen,
am oberen Ende des Rückgrats liegt.

Visualisieren Sie nun einen Finger, der die Macht hat,
durch gezielte Massage alle Spannungen zu lösen.

Beginnen Sie, die äußere Schicht Ihres Gehirns zu massieren.
Konzentrieren Sie sich auf die entspannenden Empfindungen,
die Ihr Finger verursacht.
Lassen Sie zu, dass sich die Spannung löst.
Erlauben Sie der durch die Massage freigesetzten neuen Energie,
zum Zentrum Ihres Gehirns zu fließen.

Erlauben Sie den spürbaren, warmen und kribbelnden
Gefühlen, sich auszubreiten.

Massieren Sie nacheinander auch die anderen Schichten Ihres Gehirns
von außen nach innen.

Wenn ablenkende Gedanken dazwischentreten,
betrachten Sie sie einfach als zerebrale Empfindungen.
Stellen Sie sich vor, dass Sie jeden Teil Ihres Gehirns berühren können,
und massieren Sie alle ablenkenden Gedanken heraus.

Erfahren Sie anschließend einfach
das Gefühl innerer Entspannung.

Sitzen Sie nur da
und genießen Sie das Hier und Jetzt
dieses Augenblicks.

Zweite Station: Geistige Bewegung

Setzen Sie sich vor eine Uhr,
die einen Sekundenzeiger hat.

Entspannen Sie sich einige Augenblicke lang,
sammeln Sie Ihre Aufmerksamkeit
und konzentrieren Sie sich, sobald Sie bereit sind,
auf die Bewegung des
Sekundenzeigers.

Achten Sie zwei Minuten lang
nur auf die Bewegung des Sekundenzeigers,
als ob nichts anderes auf der Welt existierte.

Wenn Sie den Faden verlieren,
weil Sie über etwas anderes nachgedacht haben
oder weil Sie einfach geistig weggetreten waren,
halten Sie inne,
sammeln Sie Ihre Aufmerksamkeit
und beginnen Sie von vorne.

Versuchen Sie, zwei ganze
Minuten lang konzentriert zu bleiben.

Hören Sie nun auf zu lesen,
nehmen Sie sich eine Uhr
und führen Sie die Übung aus.

Beginnen Sie jetzt.

Die Aufmerksamkeit: Ihr allerwichtigster geistiger Muskel

Was könnte für die geistige Fitness von größerer Bedeutung sein als die Fähigkeit zur Konzentration? Konzentration, also die Kunst, bestimmte Dinge hereinzulassen und andere auszusperren, liegt jeder anderen Fähigkeit zugrunde. Sie ermöglicht uns, logisch und klar zu denken, ein Auto über eine viel befahrene Kreuzung zu steuern, unsere Finanzen sinnvoll einzuteilen, einen neuen Modetanz zu erlernen und eine Differentialgleichung zu lösen. Mit ihrer Hilfe können wir den Gesang eines Waldlaubsängers aus dem Geraschel und Gesäusel der Blätter heraushören und die feinen Geschmacksnuancen eines guten Bordeaux unterscheiden.

Wie sind Sie mit der Übung auf Seite 25 zurechtgekommen? Fiel es Ihnen anfangs leicht, sich auf den Zeiger zu konzentrieren, und dann immer schwerer? Haben Sie sich vielleicht dabei gesagt, wie gut oder schlecht Sie doch mit der Sache fertig werden? Wie lange konnten Sie sich konzentrieren, bevor etwas anderes Sie ablenkte?

Wie gut oder wie schlecht Ihrer Ansicht nach Ihr erster Versuch auch abgelaufen sein mag, Sie werden wohl festgestellt haben, dass Ihr Geist nach einer bestimmten Zeit zu etwas anderem übergehen wollte. Während passive Aufmerksamkeit – deren man sich zum Beispiel bedient, wenn man eine Bewegung registriert oder mit halbem Ohr zuhört – gewissermaßen mühelos wahrnimmt, erfordert aktive Aufmerksamkeit eine willentliche Anstrengung.

Tatsächlich ist es so, dass sich unsere Aufmerksamkeit ständig verlagert. Sie ist dynamisch, immer in Bewegung und konzentriert sich also im einen Augenblick auf eine und im nächsten auf eine andere Sache. Es ist das Wesen der Aufmerksamkeit, abzuschweifen, sich zu erinnern und Künftiges vorwegzunehmen. Diese geistige Bewegung verleiht unserer persönlichen Welt das Gefühl von Kontinuität, Zusammenhang und Perspektive.

Unserer Konzentration sind also bestimmte Grenzen gesetzt. Wir können uns nur so lange auf eine bestimmte Sache konzentrieren, wie unsere Aufmerksamkeit nicht zu etwas anderem abschweift. Eine andere Einschränkung besteht darin, dass wir nur eine bestimmte Anzahl von Dingen zur gleichen Zeit verarbeiten können. Probieren Sie nun, um sich von der Richtigkeit dieser Behauptung zu überzeugen, die folgende Übung aus. Lesen Sie die

Zahlenreihen am Ende dieses Abschnitts durch. Schließen Sie nach jeder Reihe die Augen und wiederholen Sie die Zahlen. Bis zu wie viel Stellen können Sie im Kopf behalten?

3 5 4 8 4
5 7 9 1 3 2
2 5 4 7 7 0 4
8 5 7 1 3 2 7 0
2 4 6 5 8 4 2 4 5
1 4 7 1 7 8 9 2 1 7 1 9 6 9

Wahrscheinlich werden auch Sie – wie die meisten Menschen – festgestellt haben, dass sich fünf Zahlen mühelos merken lassen. Sieben Ziffern im Kopf zu behalten ist schon bedeutend schwieriger, und sich an 14 zu erinnern erscheint zunächst nahezu unmöglich. Psychologen sind der Ansicht, dass wir in der Regel höchstens sieben unterschiedliche Informationsbits auf einmal aufnehmen können. Eine siebenstellige Telefonnummer, sieben Länder eines Kontinents, sieben neue Namen bei einer Konferenz können wir uns relativ gut merken. Mehr als sieben Informationen aber müssen wir in der Regel aufschreiben, oder wir benötigen eine Eselsbrücke, um sie im Kopf zu behalten.

Wir können unsere Aufmerksamkeitsspanne jedoch leicht erweitern, wenn wir neue Informationen mit unterschiedlichen Bedeutungsinhalten verbinden. So könnte man sich beispielsweise die obigen 14 Zahlen leichter merken, wenn man sie als zwei Daten betrachtet: Die ersten sieben Zahlen bilden das Datum der Erstürmung der Bastille (14.7.1789) und die anderen sieben bezeichnen den Tag, an dem der erste Mensch den Mond betrat, also den 21.7.1969.

Wenn Sie sich mit einer bestimmten Aufgabe zu befassen haben – gleichgültig, ob Sie den Rasen mähen, eine Notiz schreiben, einen Türrahmen streichen oder einen Vortrag anhören müssen –, entscheiden Sie zunächst, wie lange und wie gut Sie sich dafür konzentrieren wollen oder müssen. Dann richten Sie Ihre Aufmerksamkeit auf die betreffende Sache. Wenn Sie merken, dass Ihre Gedanken abzuschweifen beginnen, dass Sie ins Träumen geraten oder an etwas anderes denken, führen Sie sie wieder sanft zu Ihrer gegenwärtigen Aufgabe zurück. Machen Sie es sich zur Gewohnheit, Ihre ungeteilte Aufmerksamkeit immer genau auf das zu richten, was gerade geschieht und was Sie gerade tun. Anfangs wird das nur für kurze Zeit möglich sein, aber nach und nach werden Sie merken, dass es zunehmend einfacher ist, Ihre geistigen Muskeln immer dann zu bewegen, wenn Sie sie wirklich benötigen.

Körperhaltungen: eins nach dem anderen

Wenn Sie einem Diamantschleifer oder einem Dirigenten bei der Arbeit zuschauen, dann erkennen Sie, dass ein Mensch, der sich wirklich konzentriert, keine physischen Bewegungen verschwendet. Beobachten Sie dagegen jemanden, der ständig zappelt, sich kratzt, sein Gewicht von einem Fuß auf den anderen verlagert oder angespannt ist, so werden Sie feststellen, dass *ein* Anzeichen für vergeudete Aufmerksamkeit die überflüssige Bewegung ist.

Wenn Sie sich konzentrieren müssen, nehmen Sie eine Körperhaltung ein, die es Ihnen leicht macht, Ihre Aufmerksamkeit zu sammeln. Entspannen Sie Ihre Muskeln und vermeiden Sie überflüssige Bewegungen. Wenn Sie an einem Tisch arbeiten, stellen Sie Ihre Füße fest auf den Boden, setzen Sie sich richtig hin, beugen Sie sich leicht nach vorne und konzentrieren Sie sich auf das, was vor Ihnen liegt. Nach einigen Minuten wird Ihre Konzentration steigen. Wenn Sie entspannt, aber aufmerksam sind, werden Sie in der Regel noch entspannter und aufmerksamer werden. Mit einer der Konzentration förderlichen Körperhaltung arbeiten unsere geistigen Muskeln produktiver und effektiver.

»Wenn du sitzt,
dann sitze nur.
Wenn du stehst,
dann stehe nur.
Vor allen Dingen
wackle nicht.
ALTES CHINESISCHES SPRICHWORT

Emotionale Haltungen: Anreize finden

Interesse ist die emotionale Komponente der Aufmerksamkeit. Wir müssen unseren Geist nicht extra dazu anhalten, sich einem Kriminalroman oder einem spannenden Film zu widmen. Wir können uns also mühelos auf all das konzentrieren, woran wir in der einen oder anderen Weise Anteil nehmen. Das Interesse stachelt unsere geistigen Muskeln an. Da es aber völlig natürlich ist, dass wir den für uns interessanten Dingen mehr Aufmerksamkeit schenken als anderen, sollten wir versuchen, unser Interesse auch auf »Langweiliges« auszudehnen. Sobald das Interesse einmal geweckt ist, fällt die Konzentration nicht mehr schwer. Unsere Aufmerksamkeit folgt dann ganz von selbst.

Wenn Sie sich also das nächste Mal während einer Konferenz oder einer Unterhaltung langweilen, dann suchen Sie nach den interessanten Aspekten, selbst wenn Sie eigentlich gar keine Lust dazu haben. In der Konferenz könnten Sie sich zum Beispiel vorstellen, wie Sie die gegebene Situation wohl mit den Augen eines Vierjährigen sehen würden – oder mit den Augen eines Menschen, der niemanden im Saal kennt oder der kein Deutsch versteht. Sind Sie gezwungen, sich mit einem langweiligen Zeitgenossen zu unterhalten, versuchen Sie das Gespräch auf für Sie interessante Themen zu bringen. Fragen Sie den Betreffenden, was er nicht ausstehen kann, was er gern mag oder was ihm wichtig ist, und Sie werden feststellen, dass er nicht ganz so langweilig ist, wie Sie dachten.

Geistige Haltungen: Prioritäten setzen

Gute Konzentration – also solche, die eine wirksame und produktive Arbeit fördert – ist mit einer sinnvollen Zeiteinteilung vergleichbar. Beide setzen voraus, dass man weiß, welche Arbeit getan werden muss, dass man Prioritäten setzen und sich Ziele stecken kann. Wenn wir eine klare Vorstellung von dem haben, was wichtig ist, können wir unsere Ressourcen gezielt einsetzen und unsere Aufmerksamkeit am Abschweifen hindern.

Bevor Sie mit einer Arbeit beginnen, halten Sie inne und erlauben Sie Ihren Gedanken, sich zu beruhigen. Treten Sie geistig zurück, werfen Sie einen Blick auf Ihr Tagesprogramm und beurteilen Sie die Wichtigkeit jedes einzelnen Punktes auf der Liste.

Wenn etwas wirklich wichtig ist, dann verdient es auch, beachtet zu werden. Um alles nicht so Wichtige können Sie sich kümmern, wenn die wichtigen Dinge erledigt sind. Und alles Unwichtige können Sie bis zuletzt aufheben.

Sobald Sie Ihre Prioritäten gesetzt haben, stecken Sie sich bestimmte Ziele. Überlegen Sie, welche Dinge Sie bis zu einer bestimmten Uhrzeit erledigt haben wollen. Erzeugen Sie ein geistiges Bild des erreichten Zieles. Mit diesem Ziel vor Augen nehmen Sie dann einen Tagesordnungspunkt nach dem anderen in Angriff, bis Sie mit allem fertig sind.

Bestimmen Sie dabei Ihren eigenen Arbeitsrhythmus. Haben Sie die meisten kreativen Einfälle am Morgen, am Nachmittag oder am späten Abend? Klären Sie irgendwelche organisatorischen Details lieber am Morgen oder zu einer anderen Tageszeit? Teilen Sie sich Ihre Zeit sinnvoll ein, damit Sie den größten Vorteil aus Ihrem eigenen Lebensrhythmus ziehen können.

Aufmerksamkeitserreger

Hier folgen einige weitere Übungen, mit deren Hilfe Sie Ihre Aufmerksamkeit konzentrieren können. Probieren Sie sie aus, wenn Sie sich fit und ganz auf der Höhe fühlen, und auch dann, wenn Sie abgespannt und nicht ganz auf dem Posten sind.

- Aktionszyklus
  Wenn Sie das nächste Mal Geschirr spülen, dann halten Sie mit Ihrer Aufmerksamkeit Haus, indem Sie die mechanische Arbeit in Aktionszyklen unterteilen. Wenn Sie einen Löffel zum Spülen in die Hand nehmen, sprechen Sie im Geiste das Wort »Los!«. Widmen Sie nun dem Spülen des Löffels so viel Aufmerksamkeit, als ob Sie eine Gehirnoperation durchführen würden. Sind Sie damit fertig, legen Sie den Löffel in das Trockengestell und sagen Sie im Geiste »Schluss!«. Wiederholen Sie den Vorgang bei jedem weiteren Geschirrteil.

- Geistige Kaffeepausen
  Legen Sie einen kleinen Gegenstand, also beispielsweise einen Stift, ein Geldstück oder eine Büroklammer, vor sich auf den Tisch. Konzentrieren

Sie sich fünf Minuten lang auf diese Sache. Jedes Mal, wenn Ihr Geist zu etwas anderem abschweift, führen Sie ihn behutsam zum Gegenstand zurück. Merken Sie sich, wie oft Ihr Geist unaufmerksam wurde.

- Geistschläge
  Fahren Sie mit einem Bleistift langsam über ein leeres Blatt Papier. Versuchen Sie, Ihre Aufmerksamkeit genau auf die Spitze gerichtet zu halten, auf die Stelle also, wo die Linie entsteht. Jedes Mal, wenn Ihre Gedanken abschweifen, zeichnen Sie einen Zacken, lassen die Linie ausschlagen. Wenn Sie am Rand des Papiers angekommen sind, führen Sie eine zweite Linie zurück und immer so weiter. Wie lange bleibt Ihre Linie gerade, können Sie sich also ohne Unterbrechung konzentrieren?

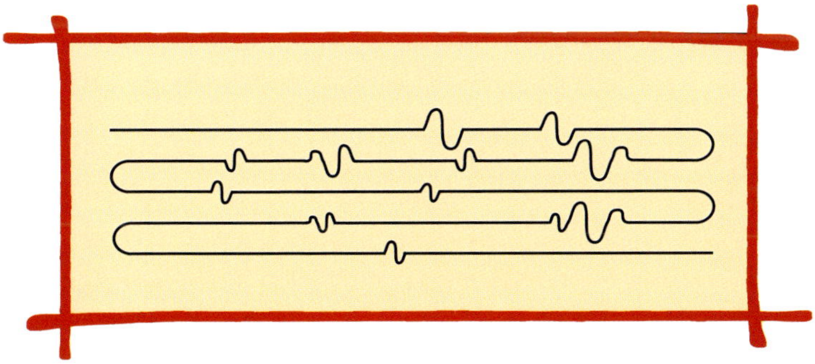

- Mittelpunkt der Welt
  Wenn Sie das nächste Mal im Bus oder Zug sitzen und etwas Zeit totschlagen müssen, dann schauen Sie sich um und suchen Sie irgendetwas aus – also beispielsweise ein Reklameschild, den Hinterkopf eines Mitfahrers oder einen Fleck an der Decke. Konzentrieren Sie sich fünf Minuten lang einzig und allein auf diese eine Sache. Solange gibt es für Sie nichts anderes auf der Welt. Selbst wenn Ihre Gedanken zu anderen Dingen übergehen möchten, konzentrieren Sie sich weiter nur auf diesen einen Gegenstand. Erst wenn die Zeit um ist, entspannen Sie sich und schauen sich um.

- Sasakis Methode
  Der Fotograf Chris Sasaki hatte eine eigene Technik entwickelt, um seine Aufmerksamkeit bei der Stange zu halten: Wann immer er sich beim Tag-

träumen ertappte – in einem Bewusstseinszustand, der von einem leeren Blick und nur vagem Zeitbewusstsein begleitet ist –, ließ er mitten in seinem Kopf das Wort »Achtung!« ertönen. Dann schaute er sich um und registrierte erst wirklich, wo er sich befand und was er gerade tat. Er hielt diese Übung für eine gute Methode, um insgesamt aufmerksamer zu werden.

- Metaaufmerksamkeit

Wenn Sie das nächste Mal eine Zeitung oder eine Illustrierte durchblättern, dann achten Sie darauf, worauf Sie achten. Stellen Sie fest, welche Anzeigen, Artikel und Abbildungen Ihre Augen besonders anziehen. Wie fühlt es sich an, wenn Ihre Aufmerksamkeit zu einer bestimmten Sache abgelenkt wird? Welcher Teil Ihres Geistes beaufsichtigt Ihre Aufmerksamkeit?

- Selbstgespräch

Suchen Sie sich einen Gegenstand in Ihrem unmittelbaren Blickfeld aus, beispielsweise einen Stift, und sagen Sie dann in Ihrem überzeugendsten Ton zu sich: »Schau dir diesen Stift an!« Dann halten Sie einen Augenblick inne und warten Sie, bis Ihre Aufmerksamkeit darauf reagiert. Der Stift wird Ihnen jetzt irgendwie deutlicher im Bewusstsein sein. Nehmen Sie diese Reaktion zur Kenntnis, indem Sie im Geiste »Gut« sagen. Wiederholen Sie diesen Vorgang einige Male. »Schau dir diesen Stift an!« Pause. »Gut.« »Schau dir diesen Stift an!« Pause. »Gut.« »Schau dir diesen Stift an!« Pause. »Gut.« Achten Sie auf die Qualität Ihrer Aufmerksamkeit. Stellen Sie fest, wie lange es dauert, bis Ihr Geist anspricht. Kommt die Reaktion mit der Zeit immer schneller? Sehen Sie sich jetzt um und konzentrieren Sie Ihre Aufmerksamkeit auf einen bestimmten Gegenstand.

- Mit Ablenkungen rechnen

Wenn Sie einen schwierigen Text lesen und merken, dass Ihre Aufmerksamkeit nicht bei der Sache ist, versuchen Sie folgenden Trick: Machen Sie jedes Mal am Rand des Buches ein Zeichen, wenn Sie merken, dass Ihre Gedanken abgeschweift sind. Gehen Sie zum letzten Satz zurück, an den Sie sich noch erinnern können, und beginnen Sie erneut von dort aus zu lesen. Sobald Sie am Ende der Seite angekommen sind, versuchen Sie, im

Geiste den Inhalt des gerade Gelesenen wiederzugeben. Sollten Sie feststellen, dass Sie das Wesentliche nicht behalten haben, lesen Sie die ganze Seite noch einmal. Wenn Sie sich diese Methode zu Eigen machen, wird Ihr geistiges Fassungsvermögen merklich besser und werden die Zeichen am Buchrand merklich weniger werden.

- Kreative Spannung

  Wenn Sie sich beim ungewollten Tagträumen erwischen, dann nehmen Sie absichtlich eine Körperhaltung ein, die für Sie ungewohnt ist. Kreuzen Sie die Beine anders, verändern Sie die Position Ihres Rückgrates, stellen Sie die Füße anders hin oder nehmen Sie einen anderen Gesichtsausdruck an. Wenn Sie nicht allein im Zimmer sind, versuchen Sie unauffällig, die Haltung einer anderen Person nachzuahmen. In eine ungewohnte Haltung gebracht, wird Ihr Körper sicherlich nicht mehr so schnell einschlafen. Wenn Sie zusätzliche Energie benötigen, dann spannen Sie Ihre Bauch-, Gesäß- und Beinmuskeln an. Erschweren Sie es Ihrem Körper, schläfrig zu werden, und Sie machen es Ihrem Geist leicht, aufmerksam zu bleiben.

Mehr Ereignisse zur Kenntnis nehmen

Sehen Sie sich im Zimmer um und finden Sie sechs Gegenstände, die einen Kreis enthalten.

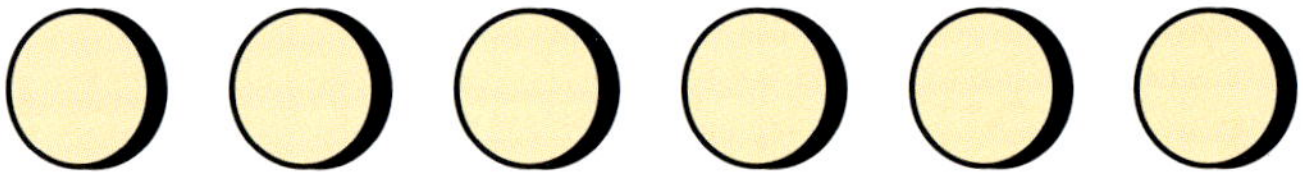

Mit dieser geistigen Fixierung auf Kreis werden Sie überall in Ihrer Umgebung Kreisförmiges registrieren – den Rand einer Tasse, das Ende eines Kugelschreibers, den Kopf einer Schraube im Lichtschalter. Wenn Sie Ihre Aufmerksamkeit darauf einstellen, auf bestimmte Dinge zu achten, werden Sie beinahe immer auch das finden, wonach Sie suchen. Sie müssen nur wissen, wonach Sie Ausschau halten.

Das, worauf Sie Ihre Aufmerksamkeit richten, bestimmt Ihre Weltsicht. Konzentrieren Sie sich ständig auf irgendwelche Probleme, wird Ihre Welt voller Hindernisse sein. Konzentrieren Sie sich auf überhaupt nichts, ist Ihre Welt ein Durcheinander von unzusammenhängenden Erfahrungen. Konzentrieren Sie sich auf kreative Ideen, öffnet sich Ihre Welt zu einem Reich unbegrenzter Möglichkeiten. Man findet in der Regel das, wonach man sucht.

Worauf richten Sie gewöhnlich Ihre Aufmerksamkeit? Wenn Sie auf einer Videokassette aufnehmen würden, was Ihnen während eines ganzen Tages zu Bewusstsein kommt, was würde man auf dem Band sehen? Was würde fehlen? Würde Ihr täglicher Weg zur Arbeit, zur Schule oder zur Universität von einem kontinuierlichen Bilderstrom begleitet sein, oder gäbe es Lücken? Würde es nur einige wenige Schlüsselpunkte in einer ansonsten völlig grauen Öde zeigen? Wie detailliert würde es Gesichter wiedergeben? Wären die Geräusche gedämpft oder in Hi-Fi und Stereo zu hören?

Damit Sie Ihre Umgebung bewusster wahrnehmen, halten Sie in regelmäßigen Abständen bei Ihrer jeweiligen Tätigkeit inne, schauen Sie, hören Sie und stellen Sie sich die Frage: »Was geschieht gerade?«

Dritte Station: Geistige Gymnastik

Zählen Sie im Geiste
die Großbuchstaben
des Alphabets,
die gebogene Linien enthalten.

Beginnen Sie jetzt.

Steigern der Geisteskraft

In der zweiten Hälfte des 17. Jahrhunderts wurde der Vater der klassischen Physik, Isaac Newton (1643 bis 1727), von der *Royal Society* damit betraut, ein mathematisches Problem zu lösen. Diese Aufgabe, an der sich bereits die klügsten Köpfe Englands monatelang versucht hatten, bestand darin, die Formel für die Kurve zu finden, die eine durchhängende Schnur beschreibt. Nachdem er am Morgen die Aufgabenstellung erfahren hatte, setzte sich Newton völlig ruhig neben sein Bett und verbannte alles Übrige aus seinem Bewusstsein, bis er auf die Lösung gekommen war. Gegen Abend desselben Tages hatte er nicht nur die richtige Formel gefunden, er hatte auch die Differentialrechnung entdeckt und erstmals angewandt.

Newton war in vielerlei Hinsicht ein geistiger Riese, aber seine größte Gabe war höchstwahrscheinlich seine Fähigkeit, sich über lange Zeitspannen hinweg zu konzentrieren. Sein Geist hatte eine ausgezeichnete Kondition.

Die unterschiedlichsten geistigen Tätigkeiten erfordern eine gute Kondition: das Aufstellen einer Bilanz, das Erarbeiten eines Computerprogramms, das Verfassen eines Referates, das Absolvieren von sechs Examina in zwei Wochen – also jede Art von Denken, die eine über eine längere Zeitspanne hinweg erhöhte Konzentration beansprucht.

Es ist nicht möglich, sich Kondition im Schnellverfahren anzueignen. Einen durchtrainierten Körper bekommt man nicht von heute auf morgen. Eine gute körperliche Kondition mit einem starken Herzen und leistungsfähigen Lungen erlangt man durch Laufen, Schwimmen, Jogging, Rudern oder Radfahren.

Ebenso wird auch unser Geist nur durch kontinuierliche Beanspruchung wirklich leistungsfähig. Sie müssen sich in eine Situation begeben, die von Ihnen verlangt, dass Sie sich für längere Zeit konzentrieren. Sie müssen beharrlich sein. Sie müssen Ihre Aufmerksamkeit immer wieder dorthin lenken, wo Sie sie haben möchten. Mit der Zeit gewöhnt sich Ihr Geist daran, sich zu konzentrieren, und Ihr Denken wird klarer.

Rechnen ist eine erprobte und zuverlässige Methode, um dem Denken Stabilität und dem Geist eine gute Kondition anzutrainieren. Schon der griechische Philosoph Platon (427 bis 347 v. Chr.) hatte erkannt, wie wichtig es ist, die Rechenmuskeln zu beanspruchen; so heißt es in seinem Werk *Der Staat*: »Hast du wohl schon darauf geachtet, dass die geborenen Rechengenies auch für fast alle anderen Wissensfächer eine rasche natürliche Auffassungsgabe haben und dass die langsamen Köpfe, wenn sie sich in diesem Fache bilden und üben, ... wenigstens den Vorteil haben, dass ihre Fassungskraft an Schnelligkeit zunimmt?«

Apropos Rechnen – wie sind Sie mit der Buchstabenaufgabe zurechtgekommen? Es gibt elf Großbuchstaben im Alphabet, die gebogene Linien enthalten:

B C D G J O P Q R S U

Ein Großteil der nun folgenden Übungen ist dem im Jahre 1930 erschienenen Buch *Mental Exercises and Essays* von A. R. Orage entnommen. Jede der drei Arten von Übungen – die mit Zahlen, mit Buchstaben und mit Wörtern – bringt Ihre Rechenmuskeln so richtig auf Trab. Viele Übungen sind so konzipiert, dass Sie wieder von vorne beginnen müssen, wenn Sie aus mangelnder Konzentration den Faden verloren haben. Nur wenn Sie genau wissen, an welcher Stelle Ihr Geist abzuschweifen begann, können Sie auch dort wieder einsetzen und versuchen, sich von nun an länger zu konzentrieren. Gehen Sie zur jeweils schwierigeren Aufgabe über, sobald Sie merken, dass Ihre Rechenmuskeln ein wenig kräftiger geworden sind.

Übungen mit Zahlen

- Setzen Sie die folgende Zahlenreihe fort:
  - jeweils um 1 aufwärts: 1, 2, 3, 4 ... 100
  - jeweils um 1 abwärts: 100, 99, 98, 97 ... 1

- Setzen Sie die folgenden auf- und absteigenden Zahlenreihen fort:
  - jeweils um 2 aufwärts: 2, 4, 6, 8 ... 100
  - jeweils um 3 aufwärts: 3, 6, 9, 12 ... 99
  - jeweils um 4 aufwärts: 4, 8, 12, 16 ... 100
  - jeweils um 5 aufwärts: 5, 10, 15, 20 ... 100
  - jeweils um 6 aufwärts: 6, 12, 18, 24 ... 96
  - jeweils um 7 aufwärts: 7, 14, 21, 28 ... 98
  - jeweils um 8 aufwärts: 8, 16, 24, 32 ... 96
  - jeweils um 9 aufwärts: 9, 18, 27, 36 ... 99
  - jeweils um 2 abwärts: 100, 98, 96, 94 ... 2
  - jeweils um 3 abwärts: 99, 96, 93, 90 ... 3
  - jeweils um 4 abwärts: 100, 96, 92, 88 ... 4
  - jeweils um 5 abwärts: 100, 95, 90, 85 ... 5
  - jeweils um 6 abwärts: 96, 90, 84, 78 ... 6
  - jeweils um 7 abwärts: 98, 91, 84, 77 ... 7
  - jeweils um 8 abwärts: 96, 88, 80, 72 ... 8
  - jeweils um 9 abwärts: 99, 90, 81, 72 ... 9

- Setzen Sie die folgenden doppelten aufsteigenden Reihen fort:
  - jeweils um 2/3 aufwärts: 2-3, 4-6, 6-9, 8-12 ... 66-99
  - jeweils um 2/3 abwärts: 66-99, 64-96, 62-93, 60-90 ... 2-3
  - jeweils um 3/2 aufwärts: 3-2, 6-4, 9-6, 12-8 ... 99-66
  - jeweils um 3/2 abwärts: 99-66, 96-64, 93-62, 90-60 ... 3-2
  - jeweils um 3/4 aufwärts: 3-4, 6-8, 9-12, 12-16 ... 75-100
  - jeweils um 3/4 abwärts: 75-100, 72-96, 69-92, 66-88... 3-4
  - jeweils um 3/5 aufwärts: 3-5, 6-10, 9-15, 12-20 ... 60-100
  - jeweils um 3/5 abwärts: 60-100, 57-95, 54-90, 51-85 ... 3-5
  - jeweils um 8/3 aufwärts: 8-3, 16-6, 24-9, 32-12 ... 96-36
  - jeweils um 8/3 abwärts: 96-36, 88-33, 80-30, 72-27 ... 8-3

- Setzen Sie die folgenden doppelten alternierenden Reihen fort:
  - jeweils um 2 auf- und um 2 abwärts: 2-100, 4-98, 6-96, 8-94 ... 100-2
  - jeweils um 2 auf- und um 3 abwärts: 2-99, 4-96, 6-93, 8-90 ... 66-3
  - jeweils um 3 auf- und um 4 abwärts: 3-100, 6-96, 9-92, 12-88 ... 75-4
  - jeweils um 3 auf- und um 5 abwärts: 3-100, 6-95, 9-90, 12-85 ... 60-5
  - jeweils um 5 ab- und um 4 aufwärts: 100-4, 95-8, 90-12, 85-16 ... 5-80
  - jeweils um 7 ab- und um 6 aufwärts: 98-6, 91-12, 84-18, 77-24 ... 7-84

- Sagen Sie in aufsteigender Reihenfolge alle Zahlen zwischen 1 und 100 auf,
  - welche die Ziffer 7 (oder 5 oder 9 oder 1) enthalten;
  - welche entweder die Ziffer 2 oder die Ziffer 6 (2 oder 5, 6 oder 1) enthalten;
  - deren Quersumme 7 ist (oder 6 oder 9 oder 8);
  - deren Quersumme durch 3 oder 4 teilbar ist.

- Setzen Sie die folgenden dreifach aufsteigenden Reihen fort:
  - jeweils um 2/3/4 aufwärts: 2-3-4, 4-6-8, 6-9-12, 8-12-16 ... 48-72-96
  - jeweils um 2/3/5 aufwärts: 2-3-5, 4-6-10, 6-9-15, 8-12-20 ... 40-60-100
  - jeweils um 3/8/7 aufwärts: 3-8-7, 6-16-14, 9-24-21, 12-32-28 ... 36-96-84
  - jeweils um 9/5/3 aufwärts: 9-5-3, 18-10-6, 27-15-9, 36-20-12 ... 99-55-33

- Setzen Sie die folgenden dreifachen absteigenden Reihen fort:
  - jeweils um 2/4/3 abwärts: 100-100-99, 98-96-96, 96-92-93, 94-88-90 ... 52-4-27
  - jeweils um 5/2/3 abwärts: 100-100-100, 95-98-97, 90-96-94, 85-94-91 ... 5-62-43
  - jeweils um 7/5/4 abwärts: 98-100-100, 91-95-96, 84-90-92, 77-85-88 ... 7-35-48
  - jeweils um 3/2/3 abwärts: 100-100-99, 97-98-96, 94-96-93, 91-94-90 ... 1-34-0

- Setzen Sie die folgenden dreifachen alternierenden Reihen fort:
  - jeweils um 2 abwärts, um 4 aufwärts, um 3 abwärts: 100-4-99, 98-8-96, 96-12-93 ... 52-100-28
  - jeweils um 3 aufwärts, um 3 abwärts, um 4 aufwärts: 3-99-4, 6-96-8, 9-93-12 ... 75-28-100
  - jeweils um 5 aufwärts, um 3 abwärts, um 2 aufwärts: 4-100-3, 9-97-5, 14-94-7 ... 99-43-51
  - jeweils um 4 abwärts, um 3 aufwärts, um 7 abwärts: 99-2-100, 95-5-93, 91-8-86 ... 43-54-2

- Setzen Sie die folgenden vierfachen Reihen fort:
  - jeweils um 2/3/4/5 aufwärts: 2-3-4-5, 4-6-8-10, 6-9-12-15 40-60-80-100
  - jeweils um 2/5/4/1 aufwärts: 2-5-4-1, 4-10-8-2, 6-15-12-3 ... 40-100-80-20
  - jeweils um 3/5/2/7 aufwärts: 3-5-2-7, 6-10-4-14, 9-15-16-21 ... 21-70-28-98
  - jeweils um 2/3/4/5 abwärts: 100-100-100-100, 98-97-96-95 ... 60-40-20-0
  - jeweils um 2/3/4/7 abwärts: 100-99-100-98, 98-96-96-91 ... 72-57-44-0
  - jeweils um 3/5/4/2 abwärts: 100-100-100-100, 97-95-96-98 ... 40-0-20-60

- Setzen Sie die folgenden vierfachen alternierenden Reihen fort:
  - jeweils um 2 aufwärts, um 2 abwärts, um 3 aufwärts, um 3 abwärts: 2-100-3-99, 4-98-6-96, 6-96-9-93 ...
  - jeweils um 2 aufwärts, um 3 abwärts, um 4 aufwärts, um 5 abwärts: 2-99-4-100, 4-96-8-95, 6-93-12-90 ...
  - jeweils um 2/3 ab- und um 7/3 aufwärts: 100-100-1-1, 98-97-8-4, 96-94-15-7, 94-91-22-10 ...
  - jeweils um 4/3 auf- und um 6/4 abwärts: 4-3-98-100, 8-6-92-96, 12-9-86-92, 16-12-80-88 ...

Übungen mit Buchstaben

- Setzen Sie die folgenden Buchstaben-Zahlen-Paare fort:
  - A1 B2 C3 D4 E5 ... Z26
  - 1A 2B 3C 4D 5E … 26Z
  - Z26 Y25 X24 W23 … A1
  - 26Z 25Y 24X 23W … 1A

- Ersetzen Sie die Buchstaben der folgenden Sätze und Zitate durch die ihnen entsprechenden Zahlen. Das Wort »Abrakadabra« würde also 1-2-18-1-11-1-4-1-2-18-1 lauten:
  - Die Katze tritt die Treppe krumm.
  - Hitze hat se, sagt se, meint se, hätt se.
  - Kleine Kinder können keinen Kaffee kochen.
  - Nur des Geistes Kraft allein
    schneidet in die Seele ein (WILHELM BUSCH)
  - Das bisschen Weltall sollte den Weisen läufig machen?
    Bringt denn das Schwänzeln der Sprotte
    das Meer aus dem Takt? (BHARTRIHARI)
  - Strenge lehren und dennoch die Vorstellungskraft bewahren ist eine der ungelösten Aufgaben der Erziehung (R. W. GERARD)
  - Wahrheit ist der zertrümmerte, in Myriaden von Teilchen zerfallene Spiegel: Während jeder glaubt, in seinem Teilchen sei das Ganze enthalten. (SIR RICHARD BURTON)

- Übersetzen Sie im Geiste die folgenden Zahlen in die ursprünglichen Sätze:
  - 4-5-18 7-5-9-19-20 2-1-21-20 4-5-14 11-15-5-18-16-5-18.
  - 12-5-8-18-5-14 8-5-9-19-19-20 26-23-5-9-13-1-12 12-5-18-14-5-14. 10-15-19-5-16-8 10-15-21-2-5-18-20.
  - 2-9-12-4-21-14-7 9-19-20 6-21-5-18 4-5-14 7-5-2-9-12-4-5-20-5-14 23-9-5 5-9-14-5 26-23-5-9-20-5 19-15-14-14-5. 8-5-18-1-11-12-9-20.
  - 4-5-14-11-5-14 9-19-20 23-9-5 12-9-5-2-5-14 21-14-4 19-20-5-18-2-5-14: 10-5-4-5-18 13-21-19-19 5-19 6-21-5-18 19-9-3-8 1-12-12-5-9-14-5 20-21-14. 10-15-19-9-1-8 10-15-25-3-5.

- Lesen Sie das folgende Gedicht, aber in Zahlen übersetzt (also A = 1, B = 2 usw.):

JOACHIM RINGELNATZ:
Nie bist du ohne Nebendir

Eine Wiese singt.
Dein Ohr klingt.
Eine Telefonstange rauscht.

Ob du im Bettchen liegst
Oder über Frankfurt fliegst,
Du bist überall gesehn und belauscht.

Gonokokken kieken.
Kleine Morcheln horcheln.
Poren sind nur Ohren.
Alle Bläschen blicken.

Was du verschweigst,
Was du andern nicht zeigst,
Was dein Mund spricht
Und deine Hand tut,
Es kommt alles ans Licht.
Sei ohnedies gut.

- Setzen Sie die folgenden Buchstabenreihen fort:
  - Das Alphabet abwechselnd vorwärts und rückwärts: A, Z, B, Y, C, X, ...
  - Wie oben, nur zwei Buchstaben gleichzeitig: A-B, Z-Y, C-D, X-W. E-F, U-T, ...
  - Abwechselnd zwei Vorwärts-Reihen: A-N, B-O, C-P, D-Q, ...
  - Eine zyklische Reihe: A-B-C-D-E, B-C-D-E-A, C-D-E-A-B, D-E-A-B-C, ...
  - Zyklische Reihen mit den folgenden und weiteren Wörtern: G-E-I-S-T, D-E-N-K-E-N, Z-A-H-L, B-E-W-U-S-S-T-S-E-I-N, A-B-R-A-K-A-D-A-B-R-A
  - Immer den letzten Buchstaben nach vorne setzen: A-B-C-D-E, E-A-B-C-D, D-E-A-B-C, ...
  - Andere zyklische Reihen mit dem letzten Buchstaben beginnen lassen, wie beispielsweise: B-U-C-H, G-E-H-I-R-N, U-H-R

Übungen mit Wörtern

- Sagen Sie die folgenden Zitate Wort für Wort rückwärts auf, nachdem Sie sie zunächst einmal vorwärts gelesen haben:
  - Wir haben die Macht und tragen die Verantwortung. (ABRAHAM LINCOLN)
  - Manchmal gebe ich mir einen wundervollen Rat, bin aber unfähig, ihn anzunehmen. (MARY WORTLEY MONTAGU)
  - Einer für alle, alle für einen. (*Die drei Musketiere*)
  - Wer begehrt, aber nicht handelt, brütet die Pest aus. (WILLIAM BLAKE)

- Sagen Sie die folgenden Sätze Wort für Wort vorwärts auf, nachdem Sie sie zunächst einmal rückwärts gelesen haben:
  - Handeln ist Antwort kürzeste Die. (*Sprichwort Englisches*)
  - selbst uns an nur aber hingeben, andere an uns wir sollten Ausleihen (Montaigne)
  - herauskommen wieder Mund im Fisch einem mit wird er und Meer ins Mann begünstigten Glück vom einen Wirf. (*Sprichwort Arabisches*)
  - Schneider dem Eleganz die überlasse dann, beschreiben zu Wahrheit die, vorhast du Wenn. (EINSTEIN ALBERT)
  - Licht eigenen seinem in ihn man zeigt, konfrontiert Schatten seinem mit Menschen einen man Wenn. (JUNG G. C.)

- Lesen Sie die folgenden Zitate, in denen jedes Wort rückwärts geschrieben ist:
  - ererheM elaM ethcusrev hci, sad nekneD nelletsuznie dnu nednifuzsuareh, saw hci hcilkriw etllow. (RETLAW NNAMPPIL)
  - sE tbig iewz netrA nov tiehrhaW, eid enielk tiehrhaW dnu eid eßorg tiehrhaW. eiD enielk tiehrhaW tnnekre nam na merhi lietnegeG, red tiehhcslaF. saD lietnegeG red neßorg tiehrhaW tsi enie eretiew tiehrhaW. (SLEIN RHOB)
  - tiehralK, thcisniE redo enhetsreV dnis run hcilgöm, nnew sella nekneD thur, nnew red tsieG tgiewhcs. ruN nnad nnak nam hcilkriw ralk nehes, run nnad nnak nam nov retkerid gnumhenrhaW nehcerps, liew red tsieG thcin regnäl ni gnurriwreV tsi. mU egillöv tiehralK zu nehcierre, ssum red tsieG nemmokllov gihur, nemmokllov tgewebnu nies;

nnad driw hcis serhaw nehetsreV nelletsnie, dnu murad driw seseid nehetsreV nlednaH nies. reD etrhekegmu geW tsi thcin hcilgöm. (.J ITRUMANHSIRK)

- Lesen Sie die folgenden Zitate, deren Worte ohne Leerstellen aneinander gereiht wurden:
  - EinesderParadoxaderKreativitätscheintzusein,dassmansich,umwirklichoriginellzudenken,mitdenIdeenanderervertrautmachenmuss.(GeorgeKneller)
  - GewohnheitistdieAnnäherungdestierischenOrganisismusandasOrganische.SieistdasEingeständniseinesVersagensderhöchstenDaseinsfunktion,zuwelchereineständigeSelbstbestimmungmitHinblickaufalleGegebenheitengehört.(OliverWendellHolmes)

- Wörter bilden:
  Bilden Sie aus beliebig vielen Buchstaben der folgenden sechs Wörter jeweils mindestens so viele neue Wörter wie angegeben: zum Beispiel aus WORT: rot, wo, Ort, Tor ...

GEIST (8 Wörter)	TRAINING (15 Wörter)
GEHIRN (15 Wörter)	AUFMERKSAMKEIT (60 Wörter)
AUSDAUER (15 Wörter)	KONZENTRATION (60 Wörter)

- Erweiterte Anagramme:
  Fügen Sie bei jedem der folgenden Wörter einen bestimmten Buchstaben hinzu und schütteln Sie gegebenenfalls die Buchstaben, um ein neues Wort zu erhalten. Fügen Sie nun denselben Buchstaben noch einmal hinzu und finden Sie ein weiteres Wort. Fügen Sie also beispielweise an das Wort »EIN« ein »M« an, so erhalten Sie »Mein«, ein weiteres »M«, und Sie bekommen das Wort »MIMEN«.

ODE	EIS	LIST	ROT
TURM	ZUG	NAHE	ADEL
NIE	EBEN	GEL	RASEN
ELAN	REBE	LEU	ASE

- Alphabetverschiebung:
  Wenn man die Buchstaben des Wortes BUCH parallel um sechs Positionen nach vorne verschiebt, so dass aus dem B ein H, aus dem U ein A, aus dem C ein I und aus dem H ein N wird, erhält man das Wort HAIN. Einige der folgenden Wörter müssen nach vorne, andere nach hinten verschoben werden. Können Sie die neuen Wörter finden?

BUNT	LOCH	SINN	DANN	BOR	JET
JAZZ	HUT	TAG	LATZ	ODE	

Vierte Station: Geistige Turnübungen I

Sehen Sie sich die Innenflächen Ihrer linken Hand an.
Betrachten Sie sie sehr genau.
Nehmen Sie alle Linien, Furchen, Erhebungen,
also das gesamte Muster Ihrer Haut, wahr.
Achten Sie darauf, wie das Spiel von Licht und Schatten
feine Farbunterschiede bewirkt.

Nach ein bis zwei Minuten,
oder sobald Sie eine klare Vorstellung
von Ihrer Handfläche haben,
schließen Sie die Augen
und versuchen,
die Handfläche im Geiste zu sehen.
Erzeugen Sie ein möglichst scharfes
geistiges Bild von ihr.

Öffnen Sie nach einer Weile wieder
die Augen, betrachten Sie Ihre Handfläche
und vergleichen Sie sie mit Ihrem geistigen Bild.

Stellen Sie fest, was bei Ihrem Bild vorhanden war
und was fehlte.

Schließen Sie nun erneut die Augen und machen Sie sich wiederum ein Bild
von Ihrer Handfläche.
Stellen Sie sich vor, wie sie aussähe,
wenn Sie sie mit offenen Augen betrachten würden.

Öffnen Sie nach einer weiteren halben Minute
wieder die Augen und schauen Sie Ihre Handfläche an.
Wiederholen Sie diesen Vorgang ungefähr
ein halbes Dutzend Mal.
Versuchen Sie, mit jeder weiteren Visualisierung
ein klareres Bild zu erhalten.

Die Welt der Vorstellungskraft

Was genau ist eine Vorstellung? Eine Vorstellung ist ein anschaulicher geistig-seelischer Inhalt, ein Bild, das (in seinen Elementen) auf Wahrnehmungen zurückgeht. Entsprechend den einzelnen Sinnesgebieten gibt es visuelle, auditive, taktile, Geruchs- und Geschmacksvorstellungen. In der privaten Welt unserer Einbildung, also dort, wo wir unsere Vorstellungen erfahren, können wir Dinge hören, riechen, schmecken und fühlen, die physisch nicht gegenwärtig sind. In unserem Geist können wir uns eine Rose vorstellen, ohne dass wir sie in der Hand halten. Wenn im Folgenden von »geistigen Bildern« die Rede ist, so kann damit jede beliebige, nicht nur optische »objektlose« sinnliche Erfahrung gemeint sein.

Geistige Bilder können also zum einen konkrete Gegenstände wiedergeben; darüber hinaus können sie aber auch abstrakte Ideen darstellen. So können wir uns beispielsweise die Freiheit, die Macht, die Schönheit »an sich« vorstellen.

Wie sind Sie mit der obigen Visualisierungsübung zurechtgekommen? War das Bild Ihrer Handfläche klar und dauerhaft oder verschwommen und instabil? War es dreidimensional, also so, wie Sie einen konkreten Gegenstand sehen, oder eine flache Darstellung wie beispielsweise ein Fernsehbild?

Kognitive Psychologen unterteilen die Fähigkeit zur Visualisierung gewöhnlich in zwei Komponenten: *Deutlichkeit* und *Kontrollierbarkeit*. Deutlichkeit – das heißt, wie hell, klar und lebendig ein Bild erscheint – und Kontrollierbarkeit – das heißt, wie ruhig und »handhabbar« sich ein Bild verhält – sind eng miteinander verbunden. Vermehrte Deutlichkeit bewirkt, dass unsere Bilder farbiger, realistischer und dreidimensional werden. Mehr Kontrollierbarkeit verleiht den Bildern größere Stabilität und Genauigkeit. Wir wollen uns im Folgenden mit diesen beiden Faktoren ein wenig eingehender beschäftigen.

Deutlichkeit und Kontrollierbarkeit

Nicola Tesla (1856 bis 1943), der Erfinder der nach ihm benannten Beleuchtung, des Hochfrequenztransformators und der Hochspannungselektrizität, besaß eine bemerkenswert ausgeprägte Vorstellungskraft. Er konnte problemlos dreidimensionale Bilder komplizierter Maschinen vor seinem geistigen Auge erzeugen. Diese Bilder waren absolut detailgetreu und so klar wie ein genauer Konstruktionsplan. Noch erstaunlicher war es, dass Tesla seine Maschinen testete, indem er sie im Geiste wochenlang laufen ließ und sie dort auch nach etwaigen Abnutzungserscheinungen untersuchte.

Tesla war vermutlich ein »Eidetiker«; seine geistigen Bilder waren so deutlich und klar, als ob er sie mit den Augen sehen würde. Ein Eidetiker ist in der Lage, sich Objekte oder Situationen so anschaulich vorzustellen, als ob sie realen Wahrnehmungscharakter hätten. Sein wahrhaft fotografisches Gedächtnis ermöglicht es ihm, den Inhalt einer Zeitungsseite aus dem Kopf wortgetreu wiederzugeben, nachdem er sie nur wenige Sekunden lang betrachtet hat. Die geistigen Bilder eines Eidetikers sind also bemerkenswert genau und dauerhaft.

Vor ungefähr hundert Jahren entwickelte der englische Psychologe und Naturforscher Francis Galton einen Fragebogen, mit dessen Hilfe man überprüfen kann, wie klar die Vorstellungen bestimmter Testpersonen sind. Mit dieser Methode entdeckte Galton zum einen, dass nur wenige Menschen wirkliche Eidetiker sind; zum anderen fand er heraus, dass es nicht einfach ist, die Fähigkeit zur Visualisierung zu steigern. Im Folgenden finden Sie eine veränderte Fassung seines Fragebogens:

Stellen Sie sich Ihr gestriges Abendessen vor!

Stellen Sie sich ein bis zwei Minuten lang die Szene möglichst genau vor. Visualisieren Sie die Menschen, die mit Ihnen am Tisch saßen, die nähere Umgebung, den gedeckten Tisch, den Geruch der Speisen und die Geräusche. Bevor Sie nun weiterlesen, nehmen Sie sich ein wenig Zeit, um das Bild vor Ihrem geistigen Auge Stück für Stück entstehen zu lassen. Beginnen Sie jetzt.

Beantworten Sie nun die folgenden Fragen:

- Ist Ihr Bild klar oder verschwommen?
- Ist das Bild deutlicher oder undeutlicher als die Originalszene?
- Sind alle Teile der Szene gleichzeitig völlig scharf, oder sehen Sie einige schärfer als andere?
- Sehen Sie Ihr Bild farbig oder in Grautönen?
- Wenn Ihre Szene farbig ist, sind die Farben dann wirklichkeitsgetreu?
- Können Sie ein einziges visuelles Bild des ganzen Esszimmers erzeugen?
- Können Sie ein dauerhaftes Bild Ihres Tellers erzeugen? Wenn ja, wird es mit der Zeit deutlicher?
- Können Sie vor Ihrem geistigen Auge Ihren Teller sehen, Ihre Hände, die Messer und Gabel halten, und gleichzeitig das Gesicht der Person, die Ihnen gegenübersitzt?
- Können Sie die Konsistenz des Essens spüren?
- Können Sie die Kleidung der übrigen am Essen beteiligten Personen sehen?

Wie sind Sie mit der Übung zurechtgekommen? Wahrscheinlich haben Sie wie die meisten Menschen festgestellt, dass manche Bilder klar und deutlich kamen, andere hingegen nur verschwommen, Sie konnten sich vielleicht die Gesichter gut vorstellen, nicht aber die Form der Gläser. Möglicherweise konnten Sie den Geruch der Speisen reproduzieren, nicht aber den

Geschmack. Oder es fiel Ihnen leicht, die Geräusche zu hören, Sie konnten sich aber die Form des Bestecks nicht vergegenwärtigen. Vielleicht konnten Sie auch lediglich die *Vorstellung* des gestrigen Abendessens in sich wachrufen, ohne aber ein einziges wirkliches Bild zu sehen.

Wie deutlich uns ein geistiges Bild subjektiv auch erscheinen mag, unsere Einbildungskraft ist in der Regel weit weniger genau, als wir annehmen. Versuchen Sie einmal einen Zehneuroschein zu zeichnen oder Ihre Eingangstür, das Gesicht Ihres Mannes oder Ihrer Frau, das Armaturenbrett Ihres Autos – Dinge also, die Sie täglich sehen –, und Sie werden merken, wie viele Lücken Ihre geistigen Bilder enthalten. Die Genauigkeit eines geistigen Bildes hängt in großem Maße davon ab, wie eingehend man sich mit dem Original befasst hat. Wenn Sie nie einen Zehneuroschein bewusst betrachtet haben, werden Sie wahrscheinlich auch nicht imstande sein, sich ein genaues Bild von ihm zu machen. Wenn Sie Ihrem Armaturenbrett immer nur einen flüchtigen Blick schenken, werden Sie auch nur ungefähr wissen, wie es aussieht.

Um Ihre Einbildungskraft zu stärken, sollten Sie das verbale Denken möglichst vermeiden und die für grafische Darstellung zuständigen Muskeln aktivieren. Nehmen wir beispielsweise an, Sie wollten den unten abgebildeten Kreis reproduzieren. Was würden Sie tun? Beginnen Sie mit der Frage: Was sehe ich tatsächlich? Nehmen Sie sich die Zeit, den Kreis genau zu betrachten. Wie hell oder dunkel ist er? Ruft die Form irgendwelche Empfindungen in Ihnen wach – und wenn ja, welche? Was assoziieren Sie mit dem Bild? Erinnert es Sie an irgendetwas? An einen Autoreifen? Die Zahl Null? Einen Ohrring? Das Zen-Symbol für Ewigkeit?

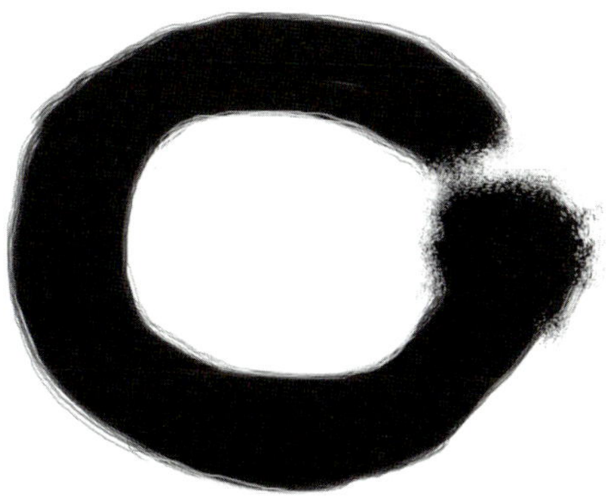

Befassen Sie sich nun eingehend mit den Details und konzentrieren Sie sich auf die Besonderheiten der Figur. Beachten Sie, dass die Randlinien selbst wieder eigenständige kleine Figuren unterschiedlicher Größe bilden. In welchem räumlichen Zusammenhang stehen all diese Formen? In welcher Weise fügen sich die Einzelfiguren zur Gesamtform zusammen? Sehen Sie, wie der Kreis durch den ihn umgebenden weißen Raum definiert wird. Untersuchen Sie die Zeichnung so lange, bis Sie sich sämtliche Details gut eingeprägt haben. Je intensiver Sie eine Sache betrachten und je mehr Sie darüber wissen, desto leichter wird es Ihnen fallen, ein geistiges Bild von ihr zu erzeugen.

Um nun ein klares Bild zu erhalten, rufen Sie sich alle Details in Erinnerung zurück, die Sie sich bei der vorangegangenen Analyse gemerkt haben – die richtigen Proportionen und die Anordnung der Einzelformen. Erlauben Sie dem Bild, vor Ihrem geistigen Auge zu erscheinen. Vielleicht wird das zu Anfang schwierig sein, zumal wenn das Visualisieren noch ungewohnt für Sie ist. Mit der Zeit und mit zunehmender Übung aber werden Ihre Bilder klarer und dauerhafter werden.

An welchen konkreten Dingen können Sie das Visualisieren üben? An Gesichtern, Kleidern, Autos, Gebäuden, Firmenzeichen, Stiften, Tapetenmustern, Buchdeckeln – kurz, an allem, was Ihr Interesse weckt. Durch solche Übungen werden Sie Ihrer Umgebung nicht nur mehr Aufmerksamkeit schenken, Sie werden auch größeren Anteil an dem nehmen, was um Sie herum geschieht. Auch wird sich Ihr Wirklichkeitsempfinden vertiefen.

Wer Augen hat zu sehen …

Die folgenden Übungen sind dazu bestimmt, die Deutlichkeit und Kontrollierbarkeit Ihrer visuellen Bilder zu verbessern.

- Das reale Objekt

  Visualisieren Sie nacheinander die folgenden Gegenstände. Wenn die Bilder nicht so klar kommen, wie Sie es gerne hätten, versuchen Sie nichts zu erzwingen. Konzentrieren Sie sich stattdessen auf die *Idee, ein Bild zu sehen*. Denken Sie daran: Alles, was Sie zu visualisieren versuchen, hat eine bestimmte Form, Oberflächenstruktur, Farbe und Größe. Konzentrieren

Sie sich zunächst auf die Form, und fügen Sie dann nach und nach die übrigen Attribute hinzu. Lassen Sie dem Bild ausreichend Zeit, dauerhaft und scharf zu werden:

- ein vertrautes Gesicht
- einen laufenden Hund
- einen Sonnenuntergang
- einen plätschernden Bach
- Zirruswolken
- die Tastatur einer Schreibmaschine
- eine Zahnbürste
- einen Freund aus der Kindheit
- Ihr Schlafzimmer
- einen fliegenden Adler
- einen Tautropfen
- einen alten Eichenbaum
- einen schneebedeckten Berggipfel
- Ihre Lieblingsschuhe

Das nicht so reale Objekt

Was ist der Unterschied zwischen Bildern von Dingen, die Sie schon einmal gesehen haben, und Bildern von Dingen, die Sie noch nie gesehen haben? Sehen Sie vor Ihrem geistigen Auge die folgenden erfundenen Objekte:

- ein Einhorn
- einen Halbgott mit sechs Armen
- eine sprechende Giraffe
- einen Engelschor
- den dritten Weltkrieg
- einen Fluss aus Schokolade
- einen Hobbit
- eine neun Meter lange Ameise
- eine vierdimensionale Kugel
- ein fünfblättriges Kleeblatt

Vierteln und Zeichnen

Schauen Sie, ohne Ihre Augen zu bewegen, zum Rand Ihres Gesichtsfeldes. Benutzen Sie Ihr peripheres Sehvermögen, um Ihr gesamtes Gesichtsfeld zu umfassen. Schließen Sie die Augen und versuchen Sie, das Bild zu rekonstruieren. Teilen Sie im Geiste die Gesamtansicht in vier Viertel. Wählen Sie nun einen Quadranten aus, analysieren Sie seinen Inhalt, und zeichnen Sie ihn dann. Wiederholen Sie die Übung mit den anderen drei Quadranten.

Fünf geistige Bilder

- Visualisieren Sie fünf Dinge, die blau sind *(Blaubeeren, Himmel, Kornblume, …)*.
- Wiederholen Sie diese Übung mit anderen Farben, also rot, gelb, grün, lila und so weiter.

- Visualisieren Sie fünf Dinge, die mit dem Buchstaben A beginnen *(Artischocke, Ameise, …)*.
- Wiederholen Sie diese Übung mit jedem Buchstaben des Alphabetes.
- Visualisieren Sie fünf Dinge, die kleiner als ein Finger sind *(Spitze eines Kugelschreibers, Erbse, Blutkörperchen, …)*.
- Visualisieren Sie fünf Dinge, die größer als ein Bus sind *(Blauwal, Zug, …)*.
- Visualisieren Sie fünf Dinge, die sich unter der Erde befinden *(Wurzeln, Würmer, …)*.
- Visualisieren Sie fünf Dinge, die Ihnen Freude machen *(Windsurfen, Eisessen, …)*.

Nachbild

Wenn Sie Ihre Augen schließen, nachdem Sie einen Gegenstand betrachtet haben, werden Sie einige Augenblicke lang ein Nachbild sehen. Versuchen Sie, dieses Nachbild in Ihre Visualisierung mit einzubeziehen. Betrachten Sie also beispielsweise einen Stift, schließen Sie Ihre Augen und sehen Sie das Nachbild. Sobald das Bild verschwindet, öffnen Sie die Augen, betrachten Sie wieder den Stift, schließen Sie dann die Augen, und sehen Sie das Nachbild. Wiederholen Sie diese Übung in einem für Sie angenehmen Tempo einige Male, bis Sie, wenn auch nur für einen Augenblick, ein klares Nachbild sehen können. Versuchen Sie dann bewusst, das Nachbild Ihres Stiftes nach Belieben zu erzeugen.

Peripheres geistiges Sehen

Visualisieren Sie einen Stift. Malen Sie sich dann bildlich aus, wie er langsam einen Kreis um Sie herum zieht; er befindet sich also erst vor Ihnen, dann an Ihrer linken Seite, dann hinter Ihnen, dann an Ihrer rechten Seite und schließlich wieder vor Ihnen. Während der Stift unterwegs ist, stellen Sie sich vor, dass Sie ihn mithilfe Ihres peripheren Sehvermögens sehen können.

Aus den Augen, aus dem Sinn?

Visualisieren Sie alle Menschen, mit denen Sie heute schon gesprochen haben. Wie sahen sie aus? Welche Farbe hatten ihr Haar und ihre Augen? Wie groß und wie alt waren sie? Welche Kleidung trugen sie? Visualisieren

Sie nun die Menschen, die Sie gestern, am letzten Wochenende, im letzten Urlaub oder an Ihrem letzten Geburtstag sahen.

- Ansichtssache

Stellen Sie sich einen farbenprächtigen Schmetterling vor. Sehen Sie alle Einzelheiten; seine fein gezeichneten Flügel, seinen schlanken Körper, die langen gefiederten Fühler; doch stellen Sie sich vor, er sei hässlich und nicht schön.

- Geometrische Gebilde

Die Mathematik bedient sich in großem Maße der Vorstellungskraft. Visualisieren Sie jeden der folgenden dreidimensionalen Körper. Begnügen Sie sich nicht damit, nur das Bild zu erzeugen; sehen Sie auch die innere Struktur und die Beziehungen, die zwischen den einzelnen Flächen bestehen. Manipulieren Sie im Geiste die Figuren, betrachten Sie sie von allen Seiten, auch von innen. Versuchen Sie ein Gefühl für die Dreidimensionalität fester Körper zu bekommen.

Kugel	Würfel	Prisma
Tetraeder	Pyramide	Dodekaeder
Oktaeder	Ikosaeder	sternenförmiger Oktaeder

- Gefühle, nichts als Gefühle

Visualisieren Sie ein positives Gefühl. Stellen Sie sich bildlich das Gefühl des Erstaunens vor, ohne dabei aber einen bestimmten Gegenstand oder eine Erinnerung zu sehen. Versuchen Sie, einen Wunsch zu realisieren, ohne sich jedoch etwas Bestimmtes dabei zu wünschen. Wie deutlich können Sie folgende Emotionen visualisieren: Hoffnung, Freude, Erfüllung, Liebe, Ärger, Apathie.

- Geistesgegenwart

Erzeugen Sie ein Bild der Anwesenheit Ihrer *Mutter*, ohne jedoch Ihre Mutter zu *sehen*. Versuchen Sie, sich in gleicher Weise die Nähe eines Berges bildlich vorzustellen, ohne den Berg selbst zu visualisieren.

- Der Riesenkörper
  Stellen Sie sich im Geiste einen riesigen menschlichen Körper vor. Sehen Sie sich um diesen Körper herumfliegen, ihn von allen Seiten und aus den unterschiedlichsten Entfernungen betrachten. Stellen Sie sich den Körper so riesig vor, dass Sie durch die Nasenlöcher, den Mund und andere Öffnungen in ihn eindringen und sein Inneres erforschen können. Lassen Sie den Körper so groß sein, dass Sie durch ganze Landschaften von Zellen fliegen und sogar die Moleküle sehen können, aus denen sich die einzelnen Zellen zusammensetzen.

- Bilder von Ideen
  Stellen Sie sich die Idee der Schönheit vor. Sehen Sie ein bestimmtes Bild von etwas besonders Schönem, oder können Sie auch ein abstraktes Bild der Schönheit erzeugen, ohne ein konkretes visuelles Bild zu sehen? Verbinden Sie Geräusche, Gerüche, Geschmäcke und Empfindungen mit der Idee der Schönheit? Wie groß oder wie klein ist die Idee? Hier sind einige weitere abstrakte Begriffe, mit denen Sie das Visualisieren üben können:

Wechsel	Harmonie	Ordnung	Kommunikation
Energie	Realität	Frieden	Illusion

Akustische Bilder

- Geistige Musik
  Lassen Sie vor Ihrem geistigen Ohr die folgenden Musikstücke ertönen. Hören Sie die Melodie, die Orchestrierung und, wenn vorhanden, die Worte. Wenn Sie eines der angegebenen Stücke nicht kennen, dann nehmen Sie ein anderes, das Sie mögen.
  - *Klassische Musik*: Toccata und Fuge in d-Moll von Johann Sebastian Bach
  - *Rockmusik*: Stairway to Heaven (Led Zeppelin), Jumping Jack Flash (Rolling Stones)
  - *Popmusik*: Graceland (Paul Simon), La Isal Bonita (Madonna)
  - *Soundtracks*: Doktor Schiwago, Love Story ...

- Innere Geräusche
  - Erzeugen Sie ein Bild von den folgenden Geräuschen:
  - Fünf Naturgeräusche *(Regen, Wind, Wasserfall …)*
  - Fünf Autogeräusche *(Anlasser, Scheibenwischer, Blinker …)*
  - Fünf Tiergeräusche *(Hundegebell, Elefantentrompeten …)*
  - Fünf Insektengeräusche *(Fliege, Mücke, Grille …)*
  - Fünf mechanische Geräusche *(Ventilator, Turbine …)*
  - Fünf menschliche Geräusche *(Singen, Schniefen, Schluckauf, Husten …)*

- Abstrakte Geräusche

  Können Sie sich ein geistiges Bild davon machen, wie die folgenden Geräusche klingen würden?

  Leuchtende Geräusche, klare Geräusche, gedämpfte Geräusche, schreckliche Geräusche, freudige Geräusche, goldene Geräusche, glatte Geräusche, bittersüße Geräusche, raue Geräusche, leere Geräusche, scharfe Geräusche und breite Geräusche.

- Geistige Aufnahme

  Schnipsen Sie mit den Fingern und achten Sie aufmerksam auf das Geräusch. Reproduzieren Sie kurz darauf diesen Klang in Ihrem Geiste. Wenn Sie diese Übung einige Male wiederholen, können Sie das Fingerschnipsen bald ganz nach Belieben hören. Verändern Sie die Tonqualität, indem Sie die gedachte Geräuschquelle verlagern. Lassen Sie es einmal von oben, dann von links und dann von hinter Ihnen kommen. Lassen Sie den Klang einmal lauter und einmal leiser ertönen. Stellen Sie ihn sich in einem kleinen Zimmer, wie beispielsweise der Toilette, und in einem großen Raum, wie einer Turnhalle, vor. Wiederholen Sie diese Übung auch mit anderen Geräuschen, etwa Stimmen.

Taktile Bilder

- Innere Empfindungen

  Entspannen Sie sich in Ihrem Lieblingssessel und visualisieren Sie, wie Sie sich die Hände waschen. Vergegenwärtigen Sie sich, und fühlen Sie in allen Einzelheiten jede Bewegung, die Sie dabei ausführen. Spüren Sie den

Schaum, hören Sie das Plätschern des laufenden Wassers, riechen Sie den Duft der Seife, sehen Sie die kleinen Luftbläschen. Waschen Sie sich anschließend wirklich die Hände und vergleichen Sie die reale Erfahrung mit Ihrer Visualisierung.

- Mehr innere Empfindungen
  Visualisieren Sie ebenso detailgetreu, wie Sie duschen, sich anziehen, das Bett machen, am Morgen zur Arbeit gehen, sich mit Ihrem besten Freund (Ihrer Freundin) unterhalten, mit dem Bus oder Zug fahren, einkaufen gehen, Essen zubereiten, Geschirr spülen, zu Bett gehen.

- Ein Gespür bekommen
  Visualisieren Sie die Empfindungen, die mit folgenden Tätigkeiten einhergehen:
  - Fünf Sportarten *(Tennis, Fußball …)*
  - Fünf musikalische Aktivitäten *(Schallplatte auflegen, Gitarre spielen …)*
  - Fünf häusliche Aktivitäten *(Frühstück machen, Staub wischen …)*
  - Fünf Bürotätigkeiten *(Notiz tippen, an einer Sitzung teilnehmen …)*
  - Fünf Küchenaktivitäten *(Pfanne schrubben, Kartoffeln schälen …)*

- Ein Gefühl bekommen
  Visualisieren Sie die Tastempfindung folgender Gegenstände:
  - Fünf verschiedene Arten von Textilien *(Polyester, Seide, Baumwolle …)*
  - Fünf verschiedene Baumaterialien *(Beton, Holz, Ziegel …)*
  - Fünf Pflanzen *(Eiche, Rose, Efeu …)*
  - Fünf Autoteile *(Lenkrad, Polsterung, Rückspiegel …)*

Geschmack

- Erzeugen Sie ein klares Bild vom Geschmack der folgenden Nahrungsmittel und Speisen
  - Fünf Fleischsorten *(Schwein, Kalb, Huhn …)*
  - Fünf Gemüsesorten *(Kartoffeln, Rosenkohl …)*
  - Fünf Früchte *(Bananen, Orange, Kiwi …)*
  - Fünf Käsesorten *(Emmentaler, Edamer, Camembert …)*

- Fünf Ihrer Lieblingsgerichte *(Linseneintopf, Lendenschnittchen mit Pfifferlingen …)*

Versuchen Sie die einzelnen Nahrungsmittel und Speisen zu schmecken, ohne jedoch ein geistiges Bild von ihnen zu sehen.

- Multigeschmäcke
  Erzeugen Sie die Empfindung von jedem Grundgeschmack, den Ihre Zunge wahrnehmen kann: also süß, sauer, bitter und salzig. Kombinieren Sie diese Eigenschaften miteinander. Wie würde süß und sauer zusammen schmecken? Bitter und salzig? Süß, sauer und bitter?

- Stellen Sie sich die Geschmäcke der folgenden Mischungen vor
  - Saure Gurken mit Eiskrem
  - Frischkäse auf Rosinenbrötchen
  - Milchreis mit Äpfeln
  - Spaghetti mit gekochten Kartoffeln
  - Krautsalat mit Müsli
  - Milch mit Orangensaft

Geruch

- Erzeugen Sie ein Bild von den Gerüchen der folgenden Dinge
  - Fünf Fleischsorten *(Schwein, Kalb, Huhn …)*
  - Fünf Gemüsesorten *(Kartoffeln, Rosenkohl …)*
  - Fünf Früchte *(Bananen, Orange, Kiwi …)*
  - Fünf Käsesorten *(Emmentaler, Edamer, Camembert …)*
  - Fünf Ihrer Lieblingsgerichte *(Linseneintopf, Lendenschnittchen mit Pfifferlingen …)*
  - Fünf Blumen *(Rose, Veilchen, Himmelsschlüssel …)*
  - Fünf Maschinengerüche *(Benzin, Öl …)*
  - Fünf Naturgerüche *(Meer, Kiefernwald …)*
  - Fünf Wettergerüche *(Feuchtigkeit, Regen …)*

Versuchen Sie die Gerüche wahrzunehmen, ohne ein geistiges Bild von ihnen zu sehen.

Fünfte Station: Geistige Turnübungen II

Stellen Sie sich vor, Sie wären eine Romanfigur.
Stellen Sie sich weiterhin vor,
alles in Ihrer Umgebung wäre in diesem Moment
eine Szene
aus »Ihrem« Buch.

Nehmen Sie sich einige Minuten Zeit,
um mit Worten
zu beschreiben,
was gerade geschieht.

Das geschriebene Wort

Man kann, grob gesagt, zwischen zwei verschiedenen Arten des Lesens unterscheiden: das Lesen um der Unterhaltung willen und das Lesen zur Wissensbereicherung. Der Zweck des Ersteren ist, in eine andere Welt, manchmal auch eine Fantasiewelt, einzutauchen, um dem Alltagsleben für eine Zeit lang zu entfliehen. Wir lesen dann gewissermaßen, um ein anderes Leben mitzuerleben, um angeregt und inspiriert zu werden. Der Zweck des Lesens um des Wissens willen ist, mehr über die materielle und geistige Welt zu erfahren. Wir lesen dann, um Informationen zu sammeln, sie auszuwerten, abzuwägen und über ein bestimmtes Thema aktiv nachzudenken.

Da jede dieser beiden Arten des Lesens bestimmte Denkmuskeln beansprucht, ist es wichtig zu wissen, warum wir ein bestimmtes Buch lesen. Möchten Sie sich dabei entspannen und unterhalten werden? Möchten Sie sich nur flüchtig und oberflächlich mit dem Inhalt des Buches vertraut machen? Möchten Sie etwas dazulernen? Möchten Sie alles, was Sie lesen, in

Erinnerung behalten? Möchten Sie ernsthafter über ein bestimmtes Thema nachdenken und sich eingehender damit befassen? Wenn Sie wissen, *warum* Sie lesen, dann werden Sie auch eher wissen, *wie* Sie lesen sollten.

Wenn Sie zur Unterhaltung lesen, dann lassen Sie Ihrer Fantasie möglichst freien Lauf. Nehmen Sie sich Zeit, sich die jeweiligen Szenen im Geiste auszumalen, die Hauptpersonen zu visualisieren und deren Emotionen auf sich zu übertragen. Lesen Sie einen Kriminalroman, dann setzen Sie Ihre Vorstellungskraft ein, um herauszufinden, wer wohl der Mörder ist; oder denken Sie sich mehrere mögliche Lösungen aus. Der Schriftsteller George Bernard Shaw pflegte von jedem Buch, das er las, eine kurze Inhaltsangabe anzufertigen, *bevor er es überhaupt aufschlug*.

Das Lesen zur Wissensbereicherung erfordert gewöhnlich eine bewusstere, willentliche Konzentration auf das jeweilige Thema. Wenn Sie aus diesem Grund lesen, dann stecken Sie sich zuvor feste Ziele: Bestimmen Sie, wie viel auf einmal und wie aufmerksam Sie lesen wollen. Suchen Sie sich einen ruhigen Platz, an dem es Ihnen leicht fällt, sich zu konzentrieren. Halten Sie alle äußeren Ablenkungen fern und nehmen Sie dann eine bequeme, aber nicht zu bequeme Haltung ein.

Überfliegen Sie darauf die Seiten und bestimmen Sie Ihr Lesepensum für diese eine »Sitzung«. Achten Sie auf Überschriften und Merksätze. Suchen Sie nach Schlüsselworten und -sätzen, die für das Verstehen des Themas von ausschlaggebender Bedeutung zu sein scheinen. Sie werden sich leichter an den Inhalt des Gelesenen erinnern, wenn Sie einzelne Stichworte an den Rand jedes Absatzes schreiben oder auf ein Blatt Papier notieren. Diese Stichworte sollten die wesentliche Aussage des jeweiligen Absatzes kurz zusammenfassen. Wenn Sie später diese Notizen lesen, werden Sie sich an vieles wieder erinnern können.

Nehmen Sie sich außerdem Zeit, über Behauptungen und Theorien nachzudenken, sie abzuwägen und kritisch zu beurteilen. Sind die Hauptthesen bewiesen? Woraus ergeben sich die Schlussfolgerungen? Was hätte Ihrer Ansicht nach noch behandelt werden müssen? Fassen Sie im Geiste das Gelesene in Ihren eigenen Worten zusammen, so dass es nach Ihren Maßstäben logisch und verständlich klingt. Es ist immer einfacher, sich an die eigenen Worte als an die Worte anderer zu erinnern.

Entwickeln Sie einen guten Lesestil. Geben Sie nicht der Neigung nach, Wörter oder Sätze zu übergehen, die Sie nicht verstehen. Unbekannte Wörter blockieren den Fluss unseres Verständnisses – nehmen Sie sich also die Zeit, sie im Lexikon nachzuschlagen. Sie werden überrascht feststellen, dass Sie oftmals die genaue Bedeutung von scheinbar vertrauten Wörtern gar nicht kannten.

Wenn Sie rein um des Inhaltes willen lesen, dann vermeiden Sie, die Wörter (laut oder leise) mitzusprechen. Lassen Sie die Worte nicht in Ihrem Kopf nachklingen. Die meisten Fachleute auf diesem Gebiet sind der Ansicht, dass man seinen Verstand »auf eine höhere Ebene« umschalten muss, indem man sich auf Ideen, Bilder und Bedeutungsinhalte konzentriert und nicht auf die Lautgestalt der einzelnen Wörter.

Achten Sie des Weiteren darauf, in welcher Weise sich Ihre Augen über die Seite bewegen. Langsame Leser neigen dazu, viele kleine Lesesprünge zu machen, das heißt, sie lesen bei jeder Fixierung immer nur ein oder zwei Wörter. Schnelle Leser machen weniger und dafür weitere Sprünge. Sie neh-

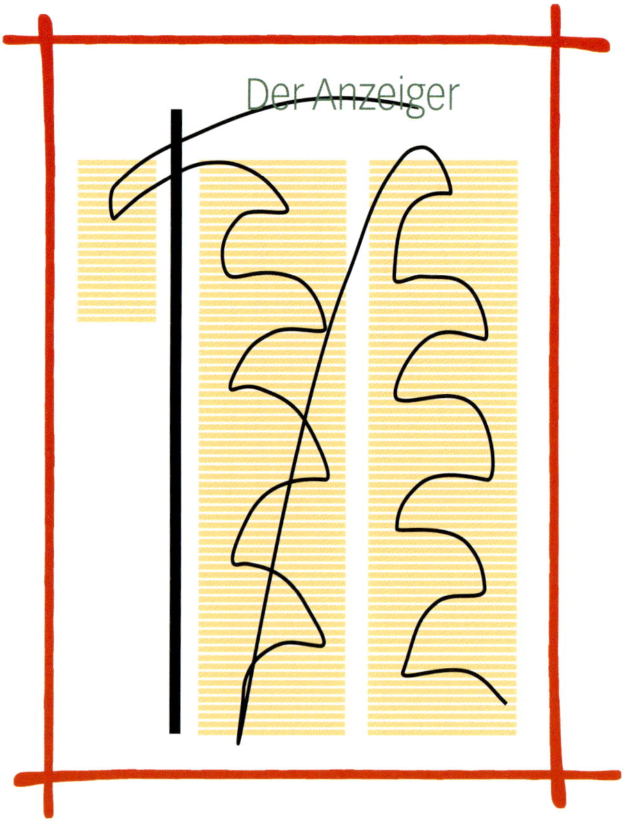

men mit einem Blick mehr auf, lesen deshalb eine Seite eher *zeilen-* als *wort*weise. Wenn Sie das nächste Mal Zeitung lesen, versuchen Sie doch einmal, mit einem einzigen Blick mehr aufzunehmen, als Sie es bisher taten. Überspringen Sie nichts, erlauben Sie nur einfach Ihren Augen, mit einem »Weitwinkelobjektiv« zu sehen.

Worte fließen lassen

Lesen trainiert also unseren Geist, indem es uns Gedanken und Ansichten analysieren und beurteilen lässt. Schreiben wiederum fordert unsere geistigen Muskeln dadurch, dass wir selbst Gedanken ausdrücken. Eine neue Methode, verbal zu denken, indem man Wörter in einem visuellen Raumdiagramm anordnet, wurde von Gabriele Lusser Rico entwickelt. Sie nannte diese Technik Clustering (das heißt so viel wie »Gruppen« oder »Büschel bilden«).

Das Clustering bietet unserem Geist die Möglichkeit, um bestimmte Begriffe herum frei zu schweifen. Weil die Struktur dieser Technik so konzipiert ist, dass sie kein eigentliches Ende hat, lassen sich überall neue Ideen anhängen. Aufgrund der Baumstruktur können alle Assoziationen wie eine Pflanze Wurzeln schlagen, wachsen und sich ausdehnen, während gleichzeitig die Anwesenheit eines zentralen Gedankens die Idee zentriert hält. Man notiert Ideen auf ein Blatt Papier, schreibt so schnell, wie Gedanken auftauchen, ordnet verwandte Assoziationen nah und entlegenere nicht so nah beieinander an. Die einzelnen Assoziationen erscheinen klar voneinander getrennt und doch miteinander verbunden. An den Verbindungslinien können wir mit einem Blick die relative Bedeutung jeder einzelnen Idee ablesen.

Nehmen Sie einen Stift und ein Blatt Papier. In die Mitte schreiben Sie das Wort *Freiheit*. Kreisen Sie das Wort ein und notieren Sie nun alle Gedanken, Gefühle und sonstigen Assoziationen, die Sie mit dem Begriff *Freiheit* verbinden. Halten Sie alle Assoziationen fest, indem Sie Kreise zeichnen und jeweils ein oder zwei Worte hineinschreiben. Verknüpfen Sie miteinander verwandte Ideen durch Linien. Lassen Sie Ihre Assoziationen in alle Richtungen wuchern. Schreiben Sie sie so schnell Sie können auf, bis Ihnen wirklich nichts mehr einfällt.

Legen Sie nun das Buch beiseite und beginnen Sie jetzt.

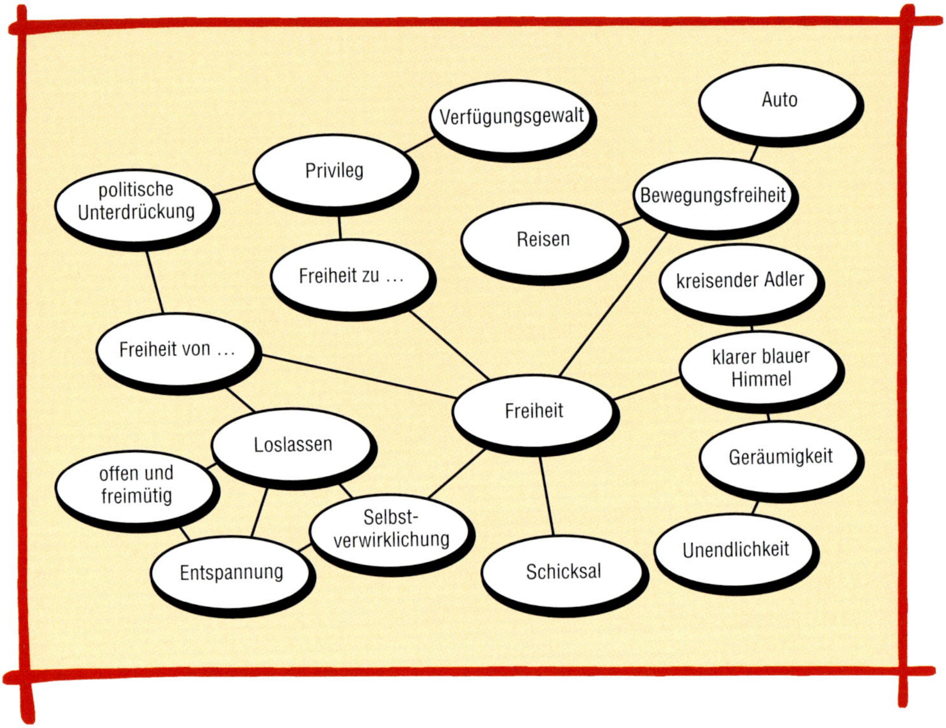

Grundsätzlich kann das Clustering als eigenständige Technik geübt werden, also einfach als Methode, über Dinge nachzudenken, über die man nachdenken möchte. Es kann allerdings auch dazu dienen, die eigenen Gedanken zu ordnen, wenn man etwas schreiben, ein Projekt planen, eine Entscheidung fällen, sich Notizen machen oder sich mit einem bestimmten Thema eingehend beschäftigen will oder muss. Das Clustering hilft uns dabei, schnell und mühelos die Richtung unserer Gedanken zu wechseln.

Das nächste Mal, wenn Sie Ihre Gedanken zu Papier bringen wollen oder müssen, wenden Sie doch die Clustertechnik an. Versuchen Sie der Übung halber, Cluster zu den folgenden Themen anzulegen: derzeitige Modetrends; die Verwendungsmöglichkeiten von Holz; wie man familiäre Streitigkeiten beilegt; Gründe, warum sich die Geschichte wiederholt; Werbung im Fernsehen.

Wortübungen

Gedankenkreis

Wie viele versteckte Wörter können Sie in diesem Buchstabenkreis finden? Beginnen Sie bei einem beliebigen Buchstaben und reisen Sie im Uhrzeigersinn.

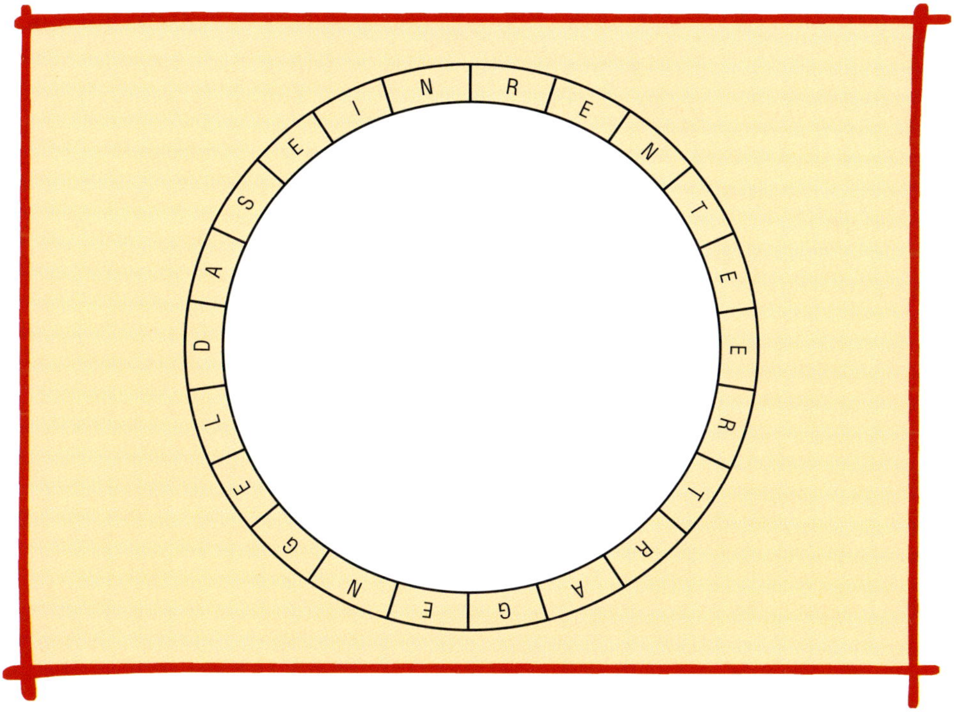

Unterhaltungen

Jemand sagte einmal: »Die besten Unterhaltungen sind die, bei denen es um Gedanken und nicht um Worte geht.« Wenn Sie sich morgen mit jemandem unterhalten, so wiederholen Sie im Geiste die Worte Ihres Gesprächspartners, bevor Sie ihm antworten. Versuchen Sie zu erfassen, was der oder die Betreffende wirklich meint.

- Wortschablonen

Schauen Sie, wie viele sinnvolle Sätze Sie bilden können, bei denen die Anfangsbuchstaben der einzelnen Wörter zusammen das Wort *GEIST* ergeben. So könnte man beispielsweise sagen: *Gewisse Einfälle Inspirieren Sogar Toren*. Suchen Sie sich dann ein beliebiges Thema aus, wie beispielsweise Kirchengeschichte, und erfinden Sie dazu Sätze.

Hier folgen einige weitere Wortschablonen:

NEIN	KLEIN	STAR
SOLO	TIPP	WEG
DENKEN	FEE	GEDANKE

- Stegreifreden

Diese Übung führen Sie am besten in der Gruppe durch. Erfinden Sie (gegebenenfalls reihum) zu jedem der folgenden Begriffe vier vernünftige Aussagen:

VERRÜCKT	FLEDERMÄUSE	ZUCKER	FLÜSSIGKEIT
MAPPE	SCHLÜSSEL	KAMERA	RASTER
AUFZEICHNUNG	PROGRAMM	GELD	SEX
AUSGUSS	TIGER	REISE	REALITÄT

- Können Sie es auch anders sagen?

Gute Schriftsteller und Redner verfügen über ein reiches Vokabular und wissen, wann sie welches Wort verwenden müssen. Sie sind imstande, für das, was sie ausdrücken wollen, auch genau das richtige Wort zu finden. Wie viele Wörter oder Wortverbindungen fallen Ihnen ein, die ungefähr dasselbe bedeuten wie die folgenden Wörter? Ordnen Sie sie nach stilistischen Kriterien an: erst gehoben, dann »normal«, dann umgangssprachlich.

- **Dumm**: töricht, blöd, geistig minderbemittelt, doof, bescheuert …
- **Wichtig**: essenziell, relevant, bedeutungsvoll, bedeutsam …
- **Traurig**: schwermütig, niedergeschlagen, melancholisch, down …
- **Freund**: Gefährte, Kamerad, Kumpel, Spezi …
- **Ängstlich**: furchtsam, bang, beklommen, feige …

- **Humorvoll**: komisch, witzig, spaßig …
- **Attraktiv**: anziehend, faszinierend, verlockend …
- **Selbstsicher**: selbstvertrauend, von sich überzeugt, cool …

Das ganze Spektrum

Testen Sie Ihren aktiven Wortschatz, indem Sie zu jedem der folgenden Themenbereiche 24 Wörter in alphabetischer Reihenfolge finden (X und Y können Sie weglassen):

- **Berufe**: Architekt, Bäcker, Chemiker …
- **Städte**: Ankara, Brüssel, Canberra …
- **Musikinstrumente**: Akkordeon, Banjo, Cello …
- **Tiere**: Ameise, Biber, Chamäleon …
- **Nahrungsmittel**: Artischocke, Brot, Chinakohl …

Stellen Sie ähnliche Listen mit Begriffen aus Themenbereichen zusammen, die Sie interessieren, also beispielsweise mit Pflanzen, Insekten, Schriftstellern oder Automarken.

Dinge benennen

Sehen Sie sich im Zimmer um, in dem Sie sich gerade befinden, und suchen Sie sich fünf Gegenstände aus. Geben Sie ihnen andere, unsinnige Namen. Eine Brille können Sie beispielweise »Bopti« oder »Telefix« oder »Miger« nennen. Versuchen Sie lautliche Gebilde zu erzeugen, die der Form der jeweiligen Gegenstände entsprechen.

Kennen Sie diese Wörter

Die deutsche Sprache enthält viele selten verwendete Wörter mit den unterschiedlichsten Bedeutungen. Zum Beispiel:

- **Darg** – fester Moorgrund, torfartige Schicht
- **Haspe** – einfache harkenähnliche Vorrichtung zum Einhängen von Türen und Fenstern
- **Herostratentum** – durch Ruhmsucht motiviertes Verbrechertum
- **spissen** – Balzlaute von sich geben
- **Staurothek** – Behältnis für eine Reliquie des heiligen Kreuzes
- **Virgel** – Schrägstrich zwischen zwei Wörtern oder Zahlen
- **Kulm** – abgerundete Bergkuppe

- Erfinden Sie Bedeutungen für die folgenden ausgedachten Wörter

Elump	Enzekopatis
Illusprosimus	Rührchen
pleistotechotisch	klavizern
Dobbas	selinpor
Gorkicht	Ummituchen
pluggerwank	Karbung

- Beschreibungen
  Wie würden Sie jemandem, der sich überhaupt nichts darunter vorstellen kann, die folgenden Dinge oder Vorgänge beschreiben?
  - Schnee
  - Erdnussbutter
  - Wie man sich ein Jackett anzieht
  - Geschlechtsverkehr
  - Das befriedigende Gefühl, auf seinem Rasen das herabgefallene Laub zusammenzurechen
  - Ihren Arbeitsplatz
  - Eine Fuge von Bach
  - Sandkuchen
  - Fußball

- Bildbeschreibungen
  Beschreiben Sie jemandem die folgenden Bilder, ohne dass er sie sehen kann. Lassen Sie ihn oder sie die Figuren nach Ihrer Beschreibung zeichnen.

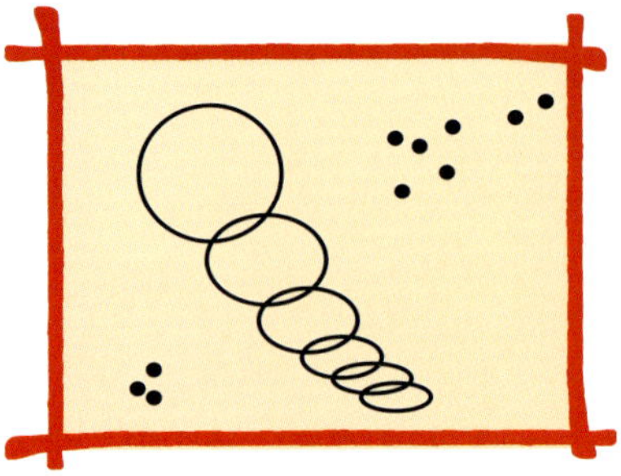

- Dichten Sie vier Limericks mit den folgenden Anfangszeilen:
  Es war einmal ein Mädchen aus Polen ...
  Ein Mann spielte Tennis im Walde ...
  Ein Star träumte einst von Bananen ...
  Ein Philosoph soff mal in Flandern ...

- Ein Gespür für Wörter
  Fast jedes Ding scheint genau die richtige Bezeichnung zu haben. Testen Sie Ihre Fähigkeit, neu passende und werbewirksame Namen für folgende Objekte zu finden. Denken Sie sich jeweils fünf Namen aus für:
  - ein Parfüm
  - eine Firma, die Traktoren herstellt
  - einen Schlager
  - ein Schoßhündchen
  - eine bestimmte Moderichtung
  - eine Schubkarre
  - eine Jazzband
  - eine Computerfirma

- Lustige Wörter
  Erfinden Sie je einen Witz unter Verwendung der folgenden Motive:
  - ein Seeigel in Oberammergau
  - ein Handlungsreisender in einer Leichenhalle
  - ein bekannter Politiker Ihrer Wahl
  - Rucksäcke
  - ein Fischer vor dem Petersdom

- Absichtliches Analphabetentum
  Werden Sie eine Stunde lang zum Analphabeten. Gehen Sie beispielsweise eine Straße entlang, schauen Sie sich Litfasssäulen, Ladenschilder, Plakate und Anschläge an und bemühen Sie sich dabei, die Bedeutung der Wörter nicht wahrzunehmen. Betrachten Sie vielmehr die Form der Buchstaben – so, als sähen Sie unbekannte Schriftzeichen. Auf diese Weise werden Sie sich zumindest dessen bewusst, wie unglaublich viele Wörter Sie ständig umgeben.

- Fastenzeit
  Sprechen Sie einen ganzen Tag lang kein Wort. Wenn Sie nicht allein leben, vereinbaren Sie mit Ihrer Familie zuvor, sich am folgenden Tag in keiner Weise sprachlich mitzuteilen. Schriftliche Botschaften sind (außer in wirklich dringenden Fällen) also auch verboten. Kommunizieren Sie ausschließlich durch Gesten oder Grunzlaute. Sehen Sie nicht fern, lassen Sie das Radio und den CD-Spieler aus. Seien Sie einen ganzen Tag lang »sprachlos«.

- Geschichten erfinden
  Wählen Sie aus jeder der vier folgenden Spalten je ein Wort aus und entwickeln Sie um diese vier Wörter eine Geschichte. Erzählen Sie sie im Kopf oder auf dem Papier:

Zischen	Meer	Reise	Sandwich
Brieftasche	Wassermelone	Traum	Motorrad
Nebenerwerb	kriminell	Statue	Zehennagel
Gehsteig	Mantel	Furnier	Charisma
Armee	Nase	Frisbee	Spirale
Ende	Knopf	Soufflé	Schachtel
Stock	stehlen	Frucht	Cowboy

- Zungenbrecher
  Sprechen Sie die folgenden Zungenbrecher so schnell wie möglich:
  - Fischers Fritze fischt frische Fische, frische Fische fischt Fischers Fritze.
  - In Ulm und um Ulm und um Ulm herum.
  - Zwischen zwei Zwetschgenbäumen zwitschern zwei geschwätzige Schwalben.
  - Sechsundsechzig sächsische Schuhzwecken.
  - Kein klein Kind kann Kirschkern knacken.
  - Schneiders Schere schneidet scharf, scharf schneidet Schneiders Schere.

Der geistige Monolog

Wie bei den meisten Menschen wird wahrscheinlich auch durch Ihr Bewusstsein nicht nur ein permanenter Bilderreigen ziehen, sondern ebenso ein nahezu ununterbrochener Wortfluss strömen. Sie proben im Kopf Sätze, die Sie später sagen wollen oder zu einer anderen Gelegenheit hätten sagen sollen, Sie führen sogar ganze Unterhaltungen; Sie formulieren oder wiederholen Meinungen, Sie beurteilen sich selbst und andere Menschen und Sie kommentieren Ereignisse. Einem im Hintergrund spielenden Radio vergleichbar, beeinflussen diese Worte Ihre Innenwelt.

Zusammen mit dem Kino im Kopf formt Ihr geistiger Monolog Ihre allgemeine Lebensauffassung. Wenn Sie sich selbst sagen, dass Sie ein Trottel sind, dann werden Sie auch anfangen, sich wie ein Trottel zu verhalten. Reden Sie mit sich selbst generell über Dinge, die Sie Ihrer Meinung nach hätten tun oder anders tun sollen, so werden Sie die meiste Zeit in der Vergangenheit leben.

Zuweilen lässt sich dieser geistige Monolog nur sehr schwer steuern. Wenn Sie zum Beispiel aufgeregt sind, fließen die Worte scheinbar völlig unkontrolliert durch Ihren Geist. Zu anderen Zeiten glauben Sie, die Sache im Griff zu haben, bis Sie versuchen, die Worte zu stoppen. Dann erkennen Sie, dass Sie wieder mal Ihre alten geistigen Gewohnheiten vernehmen, also das, was Sie sich schon immer gesagt haben.

Um herauszufinden, wie und was Sie den ganzen Tag über denken, probieren Sie die eine oder andere der folgenden Ideen aus.

- **Der Bundestag:** Stellen Sie sich vor, dass die Worte, die Sie im Geiste hören, nicht von einem einzigen Sprecher kommen, sondern von einer ganzen Gruppe von Bundestagsabgeordneten. Bestimmte Abgeordnete können die Meinungen Ihrer Eltern, Lehrer und Freunde wiedergeben oder auch Theorien, Meinungen und Thesen aus Büchern, Zeitungen oder dem Fernsehen. Wenn das nächste Mal ein zu lauter Abgeordneter das Feld Ihres Geistes beherrscht, stellen Sie das jeweilige Thema oder Problem zur öffentlichen Diskussion. Nehmen wir also an, der Abgeordnete würde behaupten, dass zu viele Aussiedler ins Land kommen. Lassen Sie nun einige Minuten lang auch andere Parlamentarier, vielleicht auch ein paar Hinterbänkler, zu Wort kommen. Versuchen Sie herauszufinden, wer Ihre Sprecher wirklich sind, und lassen Sie jeden Einzelnen von ihnen seine Meinung äußern. Bringen Sie sich dazu, auch mehrere widersprüchliche Standpunkte gelten zu lassen.

- **Nehmen Sie sich Zeit zuzuhören:** Es ist unserer geistigen Entwicklung außerordentlich förderlich, wenn wir uns die Zeit nehmen, unser gewöhnliches Tempo zu drosseln und wirklich auf das zu hören, was wir uns selbst sagen. Zum einen können wir dies dadurch erreichen, dass wir visualisieren, wie unsere Worte aus einem Kofferradio ertönen. Es ist ein sehr gutes Radio, deshalb können wir auch die leisen Stimmen im Hintergrund verstehen. Damit wir zu unserem geistigen Monolog besser Distanz wahren können und nicht so leicht abgelenkt werden, lassen wir ihn am besten an einem bestimmten Platz in der Wohnung stattfinden: Wir stellen unser »Radio« also beispielsweise auf die Fensterbank oder den Küchentisch. Vergessen Sie nicht: Loslassen und Einfühlungsvermögen sind die beiden Schlüssel zur Tür, die in die tieferen Bereiche des Denkens führt.
- **Umetikettieren:** Wir neigen dazu, unsere Erfahrungen in unserem geistigen Monolog mit Etiketten zu versehen – wir katalogisieren sie, ordnen sie ein. Nehmen wir an, Sie müssten in wenigen Minuten vor einer großen Zuhörerschaft eine Rede halten und Ihre Handflächen würden feucht, Ihr Magen würde rebellieren und auf Ihrem Gesicht würden sich Schweißtropfen bilden. Sie könnten sich nun selbst sagen: Ich bin nervös. Wahrscheinlich würden Sie dadurch aber höchstens noch nervöser. Sie könnten sich aber auch sagen: Ich empfinde lediglich die Energiemuster, die mit jeder wichtigen Situation ganz natürlich einhergehen. Auf diese Weise könnten Sie diese Energie wieder in Ihre Rede zurückleiten. Machen Sie sich auf solche Art »unangenehme« Energie zunutze, indem Sie sie in positive umwandeln.
- **Sich von geistigem Geschwätz befreien:** Vielleicht hören Sie im Geiste eine Stimme, die negative Gedanken wiederholt. Vielleicht hören Sie, Sie seien ein Dummkopf und Sie würden es garantiert nie zu etwas bringen. Wiederholen Sie den Satz in einem hohen, quäkenden Tonfall. Verwenden Sie dieselben Worte, verändern Sie lediglich ihre lautliche Qualität. Oder spielen Sie im Geiste das Lied »Suse, liebe Suse« dazu ab. Wenn Sie in Eile sind und einer Ihrer Abgeordneten sagt: »Du bist spät dran, du bist spät dran«, dann drehen Sie die Geschwindigkeit dieser Stimme so weit herunter, dass sie nur noch so dahinschleicht, und sehen Sie dann, was passiert. Hören Sie eine besonders aufdringliche, unangenehme

Stimme im Kopf, dann verändern Sie ihre Tonqualität. Erlangen Sie Gewalt über diese Stimme, indem Sie sie einmal lauter, dann leiser, schneller, langsamer, von nah oder von fern kommen lassen.

Mantras der Macht: Mantras sind Wörter oder Sätze, die, wenn man sie oft genug wiederholt, einen bestimmten Bewusstseinszustand hervorrufen. Damit ein Mantra wirkt, entspannen Sie sich einige Augenblicke lang und lassen Sie dann das jeweilige Wort oder den Satz in Ihrem Kopf so lange ertönen, bis die von Ihnen gewünschten Assoziationen ausgelöst werden. Wiederholen Sie also beispielsweise immerzu im Geiste die Worte »Ich bin ganz entspannt«, so werden Sie sich entspannen. Von ausschlaggebender Bedeutung ist allerdings, dass Sie einen Rhythmus finden, der es Ihnen leicht macht, sich auf das Wort oder den Satz zu konzentrieren. Jedes Wort, jeder Satz soll ein vollständiger Gedanke sein, der durch eine kurze Stille vom nächsten Wort/Satz getrennt wird. Lauschen Sie nach jedem Mantra der Stille in Ihrem Geist.

Sechste Station: Geistige Stärke

Sie sind mit dem Schiff gestrandet und
Kannibalen in die Hände gefallen.

Man gibt Ihnen zwei Sanduhren.
Die eine läuft genau in vier Minuten durch,
die andere in sieben Minuten.
Der Oberkannibale fordert Sie auf zu sagen,
wann genau neun Minuten vergangen sind.

Wenn Sie das schaffen,
sind Sie frei.

Wenn nicht,
sind Sie das Abendessen der Kannibalen.

Der Oberkannibale schreit: »Los jetzt!«
Was tun Sie?

Innere Herausforderungen

Wie sind Sie mit der Sanduhrenaufgabe der Kannibalen zurechtgekommen? Als mich ein guter Freund einst mit dieser Rätselfrage konfrontierte, drückte er mir zwei imaginäre Sanduhren in die Hand. Ich setzte mich hin und begann über das Problem nachzudenken. Nach einigen Minuten sagte mein Freund: »Zu spät. Du hast deine Chance verpasst. Jetzt haben sie Gulasch aus dir gemacht.« Ich blickte auf und protestierte: »Wie meinst du das? Ich habe doch noch gar nichts gesagt!« Er antwortete: »Das ist ja gerade der springende Punkt. Während du versuchtest, eine Lösung zu finden, hast du deine Gelegenheit vertan. Du hast die Sanduhren in deinen Händen gehalten, ohne sie umzudrehen. Selbst wenn du also tatsächlich auf die Lösung des Rätsels gekommen wärest, hättest du viel zu spät damit begonnen, sie in die Tat umzusetzen. Als der Oberkannibale sagte: ›Los jetzt!‹, da meinte er nämlich wirklich: ›Los jetzt!‹«

Anfangs fühlte ich mich betrogen. Dann erkannte ich allerdings, dass ich aus dem, was mein Freund gesagt hatte, einiges lernen konnte. Ich war auf das Problem nicht so eingegangen, wie ich es wohl getan hätte, wäre ich wirklich in den Händen der Kannibalen gewesen. Ich hatte mich nicht genügend in die Situation hineinversetzt, sondern versucht, die Lösung des Rätsels von außen zu finden.

Wie würden Sie an das Problem herangehen, wenn es um Ihr Leben ginge? Zuallererst müssen Sie beide Sanduhren umdrehen. Während der Sand rinnt, haben Sie erst einmal ein wenig Zeit zum Nachdenken. Was geschieht als Nächstes? Nach vier Minuten läuft die eine der Sanduhren aus, und Sie drehen Sie spontan wieder um. Nach sieben Minuten läuft die andere Sanduhr aus. Auch diese drehen Sie wieder um. Eine Minute später, also nach acht Minuten, läuft die erste Sanduhr wieder aus. Da Sie nun noch eine Minute berechnen müssen und da in der zweiten Sanduhr inzwischen Sand für genau eine Minute durchgelaufen ist, drehen Sie sie einfach wieder um und lassen den Sand zurücklaufen. Wenn die zweite Sanduhr wieder voll ist, sind genau neun Minuten vergangen.

Jedes Problem – gleichgültig, ob es abstrakter Natur ist oder mit Beziehungen, Geld oder Beruf zusammenhängt – lässt sich erheblich leichter lösen, wenn man die folgenden grundsätzlichen Punkte beherzigt:

- **Direkte Konfrontation:** Wenn Sie sich mit einem Problem konfrontiert sehen, versuchen Sie dann, sich direkt damit auseinander zu setzen, oder weichen Sie ihm aus, solange es geht? Sind Sie mit der erstbesten Lösung zufrieden oder bemühen Sie sich, auch noch weitere Möglichkeiten zu finden? Versuchen Sie, Probleme möglichst schnell und flüchtig abzuhandeln, oder sind Sie sofort bereit, sich ihnen zu stellen und auf sie einzugehen?
- **Organisation:** Um Probleme wirkungsvoll lösen zu können, muss man die damit zusammenhängenden Informationen übersichtlich anordnen und sich auf den Kern der Sache beschränken. Alle überflüssigen oder

nicht direkt zur Sache gehörenden Daten werden ignoriert. Sie müssen also das Problem genau definieren und auf seine wesentlichen Faktoren reduzieren. Wie schon Einstein sagte: »Alles sollte so einfach wie möglich gemacht werden, aber nicht einfacher.«

- **Manipulation:** Einige Probleme lassen sich in mehreren genau festgelegten Einzelschritten lösen; andere durch die Versuch-und-Irrtum-Methode; manche Lösungen wiederum, die so genannten Geistesblitze, stellen sich – nach einer mehr oder weniger langen Periode spielerischer Denktätigkeit – wie von selbst ein. In jedem Fall muss aber die Information in irgendeiner Weise »manipuliert« werden: So kann man beispielsweise die Worte der Aufgabenstellung anders anordnen oder in Bilder oder mathematische Symbole umwandeln. Schließlich sollte auch die eigene gefühlsmäßige Reaktion berücksichtigt werden.
- **Prüfen:** Haben Sie eine Lösung gefunden, so müssen Sie sich vergewissern, dass es auch tatsächlich die richtige ist. Überprüfen Sie noch einmal alle Faktoren des Problems auf ihre Stichhaltigkeit hin und vollziehen Sie dann Ihre Gedankengänge nach. Fragen Sie sich, ob man auf einem anderen Weg zur selben Lösung gelangen würde.

Es gibt keine narrensichere Formel, die eine Lösung für jede Art von Problem garantieren könnte – unterschiedliche Probleme müssen auch auf unterschiedliche Art und Weise angegangen werden. In den folgenden Abschnitten werden Sie mit einigen klassischen Rätselfragen konfrontiert. Sie werden merken, dass manche Lösungen eher spielerischer und humorvoller Art sind. Im letzten Kapitel des Buchs können Sie die Lösungen notfalls nachschlagen. Versuchen Sie aber zuerst, mithilfe der oben genannten vier Punkte selbst darauf zu kommen. Dann werden Sie nämlich mit der Zeit Einsichten gewinnen, die Sie auch auf viele andere Probleme anwenden können.

Innere Ordnung

Wenn vor drei Tagen der Tag vor Montag gewesen wäre, welcher Tag würde dann übermorgen sein?

Der erste Schritt bei der Problemlösung besteht darin, herauszubekommen, was man eigentlich herausbekommen soll. Sobald Sie sich vorstellen können, wonach Sie suchen, haben Sie ein geistiges Ziel und einen Punkt, an dem Sie ansetzen können. In der obigen Frage ist das Ziel, herauszufinden, welcher Tag übermorgen ist. Mit diesem Wissen kann man nun die Frage einfacher formulieren. Der Tag vor Montag ist Sonntag. Wenn also vor drei Tagen Sonntag war, dann ist heute Mittwoch. Wenn heute Mittwoch ist, dann ist übermorgen Freitag. Ordnet man die gegebenen Informationen übersichtlich an, wird die Denkaufgabe geradezu simpel.

Beginnen Sie auch bei den folgenden Rätseln zunächst einmal damit, dass Sie herausfinden, welches Ihr eigentliches Ziel ist; ordnen Sie dann die einzelnen Bestandteile der Frage übersichtlich an, um einen leichteren Zugang zu ihr zu bekommen.

Zoo in Kirchheimbolanden

Der Zoo in Kirchheimbolanden hat 30 Köpfe und 100 Füße. Wie viele Säugetiere und wie viele Vögel beherbergt der Zoo?

Drei Missionare und drei Kannibalen

Drei Missionare und drei Kannibalen müssen einen Fluss in einem Boot überqueren. Das Boot kann allerdings nur zwei Personen tragen. Außerdem dürfen die Missionare zahlenmäßig den Kannibalen nie unterlegen sein, weil sie sonst von ihnen verspeist werden würden. Wie kommen alle sicher über den Fluss?

Wortadditionen

Ersetzen Sie bei den folgenden Rechenaufgaben jeden Buchstaben durch eine bestimmte Zahl. Können Sie die richtigen Zahlen herausbekommen?

```
  ZWEI      BLAU     ROSS      VIER     ABCDE
+ ZWEI     + ROT   + ESEL    + EINS     x    4
------     -----   ------    ------     -----
  VIER      LILA     MULI      ACHT     EDCBA
```

Drei Freunde würfeln

Drei Freunde würfeln. Jeder kann auf seinen Wurf eine beliebig hohe Summe setzen. Derjenige, der die niedrigste Augenzahl wirft, muss den anderen beiden so viel bezahlen, wie sie eingesetzt haben. Nach drei Spielen hat jeder der drei zweimal verloren und jeder besitzt noch 36 Euro. Wie viel Geld hat jeder Spieler beim ersten Spiel gesetzt?

Ohrringe

In einem kleinen Dorf in Papua-Neuguinea leben 500 Frauen. 6 Prozent von ihnen tragen einen Ohrring. Von den anderen 94 Prozent trägt die eine Hälfte zwei Ohrringe und die andere Hälfte überhaupt keine. Wie viele Ohrringe gibt es insgesamt?

Hinz und Kunz

Hinz und Kunz betreten ein Restaurant. Hinz bestellt schwarzen Kaffee und Kunz eine Tasse Milch. Als die Getränke gebracht werden, nimmt sich Hinz einen Teelöffel Milch von Kunz und rührt sie in seinen Kaffee. Darauf vermischt Kunz seine Milch mit einem Teelöffel von Hinzens Kaffee. Ist nun mehr Milch im Kaffee als Kaffee in der Milch, oder ist das Verhältnis gleich?

Grafische Darstellung

Weiterhin lassen sich die verschiedensten Probleme wesentlich leichter lösen, wenn man sie aufzeichnet. Eine visuelle Darstellung, also eine einfache Skizze oder ein Diagramm, kann ein Problem gewissermaßen zwingen stillzuhalten und uns dadurch den zur Lösung der Aufgabe benötigten Freiraum schaffen. Der geübte Denker weiß, wie wichtig es ist, eine Aufgabe grafisch darzustellen. Stift und Papier geben uns die Möglichkeit, alles aufzuschreiben, was wir über die Aufgabe wissen, und die gegebenen Informationen zusammenhängend und übersichtlich anzuordnen. Ein Beispiel:

Eines schönen Morgens, genau bei Sonnenaufgang, begann ein Mönch einen hohen Berg hinaufzuklettern. Er folgte einem engen Pfad und legte auf dem Weg viele Pausen ein. Genau bei Sonnenuntergang hatte er den Gipfel des Berges erreicht. Dort meditierte er die Nacht über und trat am nächsten Morgen genau bei Sonnenaufgang den Rückweg an. Auch jetzt machte der Mönch viele Pausen und kehrte genau bei Sonnenuntergang an seinen Ausgangspunkt zurück. Beweisen Sie, dass es einen Punkt auf dem Weg gibt, an dem der Mönch auf dem Hin- und Rückweg zu genau derselben Uhrzeit vorbeikam.

Hier bietet es sich geradezu an, dieses Problem dadurch zu lösen, dass man es grafisch umsetzt. Wir zeichnen den Weg des Mönchs in ein Diagramm ein, dessen X-Achse die Zeit und dessen Y-Achse die Höhe angibt. Wir können nun deutlich erkennen, dass sich beide Wege zur selben Uhrzeit in derselben Höhe überschneiden. Und so haben wir die obige Behauptung bewiesen.

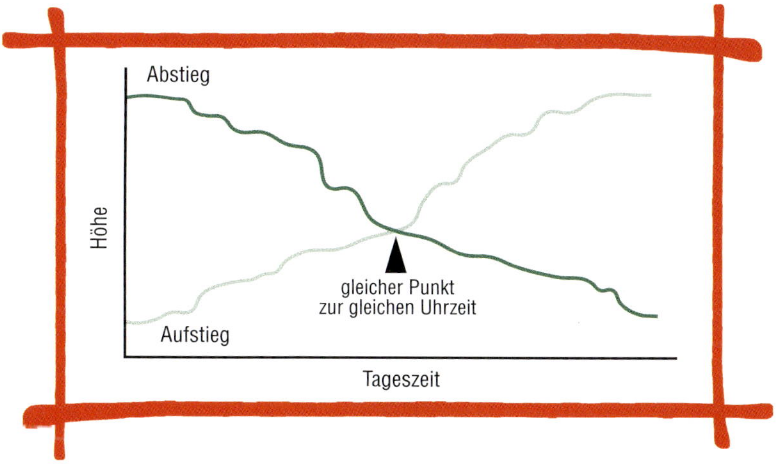

Künstler

Ein Künstler hat zehn identische Statuen hergestellt, die Sie in einem einzigen Raum Ihrer Galerie ausstellen wollen. Er besteht darauf, dass je drei Statuen an jeder der vier Wände stehen sollen. Wie ordnen Sie die Plastiken an?

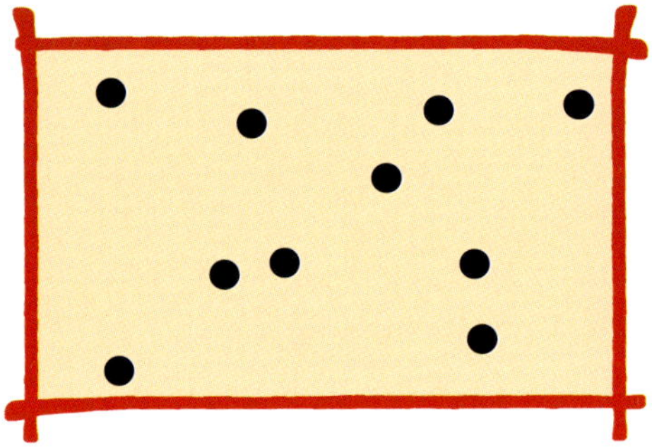

Eine einzige Linie

Versuchen Sie, die folgenden beiden Figuren mit einer einzigen Linie zu zeichnen, ohne Ihren Stift vom Papier zu heben.

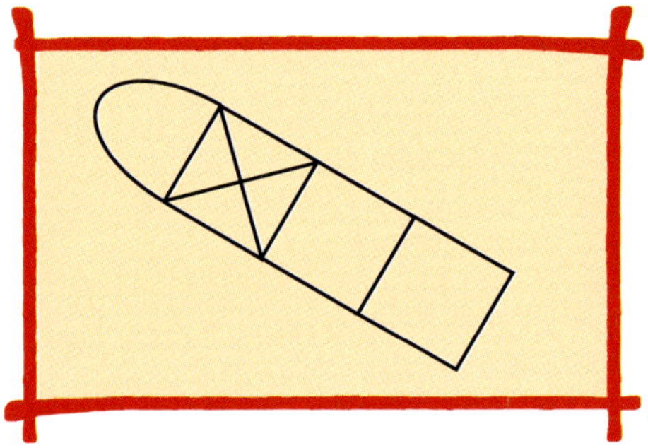

Magisches Sechseck

Können Sie ein quadratisches Blatt Papier so falten, dass es die Umrisse eines regelmäßigen Sechsecks zeigt? Sie dürfen dabei kein Lineal und keinen Stift benutzen. Das Sechseck braucht sich nicht in der Mitte des Blattes zu befinden.

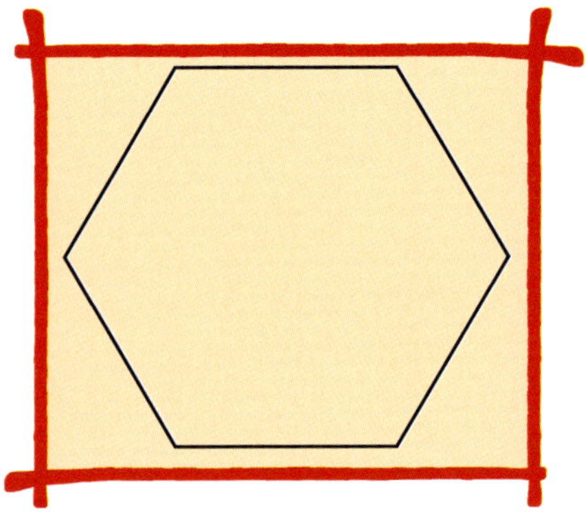

Muster finden

Von dem berühmten Mathematiker Carl Friedrich Gauß (1777 bis 1855) erzählt man sich folgende Geschichte: Als er noch zur Schule ging, erhielt seine Klasse einmal die Aufgabe, die Summe der Zahlen von 1 bis 100 zu errechnen. Der Lehrer hoffte, die Schüler eine Zeit lang mit diesem Problem beschäftigt zu halten, und war daher sehr erstaunt, als Gauß bereits nach wenigen Augenblicken die richtige Lösung gefunden hatte. Gauß hatte erkannt, dass die Summen der ersten und letzten, der zweiten und vorletzten, der dritten und drittletzten Zahl und so fort immer gleich sind: nämlich (in diesem Fall) 101. Da es solche Paare aber halb so viele gibt wie Zahlen in der ganzen Reihe, brauchte er nur 101 mit 100 : 2 = 50 zu multiplizieren, um die Summe der ganzen Reihe (5.050) zu errechnen.

Viele Rätsel und Aufgaben lassen sich lösen, indem man das ihnen zugrunde liegende Muster erkennt. Um das zu erreichen, ist es empfehlenswert, sich die Sache zunächst einmal nicht aus der Nähe, sondern mit einem gewissen Abstand anzuschauen.

Versuchen Sie bei den folgenden Aufgaben, den kürzesten Lösungsweg herauszufinden.

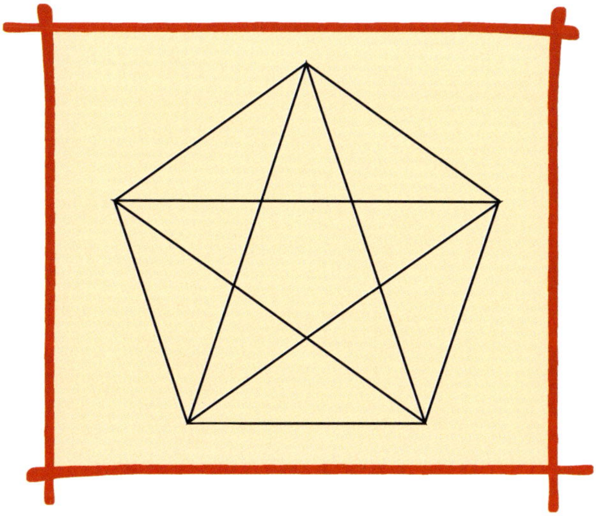

Fünfeck

Wie viele Dreiecke können Sie in der obigen Figur entdecken?

Sieben Männer und zwei Buben

Sieben Männer und zwei Buben müssen einen Fluss überqueren. Das einzige Boot, das ihnen zur Verfügung steht, ist klein und kann nur entweder einen Mann oder zwei Buben tragen. Wie viele Male muss das Boot den Fluss überqueren, um alle Personen ans andere Ufer zu bringen?

Mäuselabyrinth

Eine Maus ist so abgerichtet, dass sie beim Durchlaufen eines Labyrinths nur Richtungswechsel vornimmt, die sie näher an den Käse bringen. Auf wie vielen verschiedenen Wegen kann sie den folgenden Irrgarten unter dieser Bedingung durchlaufen?

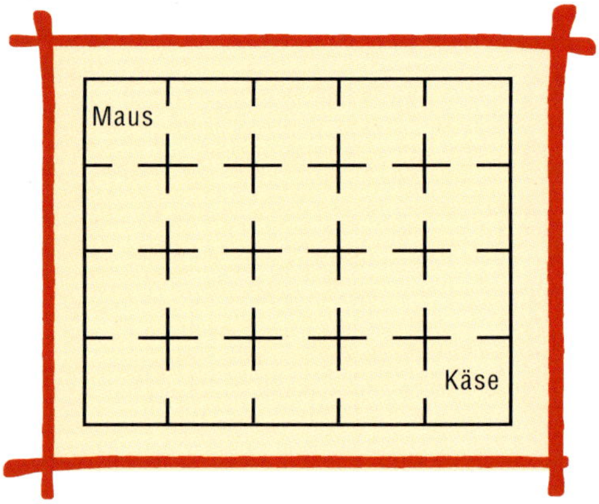

Kreisaddition

Schreiben Sie die Zahlen 1 bis 19 so in die Kreise unten, dass alle Zahlen, die in einer geraden Linie stehen, also den Durchmesser des Kreises bilden, die Summe 30 ergeben.

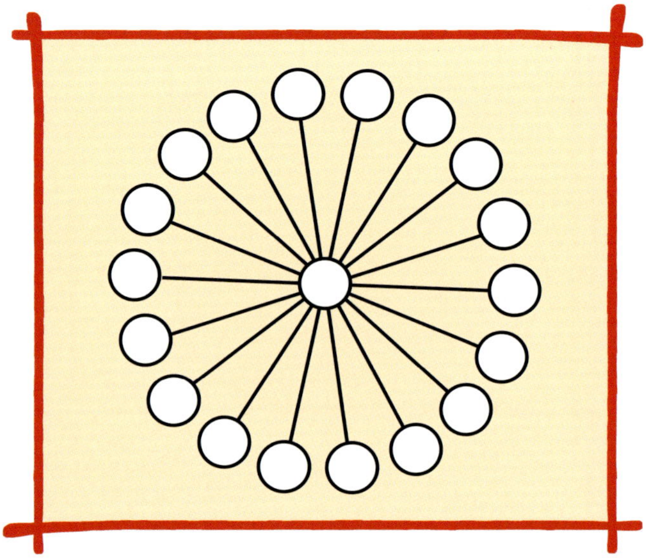

RADAR

Wie viele verschiedene Möglichkeiten gibt es, in dem folgenden Diagramm das Wort RADAR zu lesen? Sie können in jede Richtung lesen (auch um die Ecke) und jeden Buchstaben benutzen.

Logisches Denken

Wenn Big Ben 30 Sekunden braucht, um sechs Mal zu schlagen, wie lange braucht er dann, um 12 Uhr zu schlagen?

Manchmal scheint die Lösung eines Problems auf der Hand zu liegen und doch ist die Sache dann nicht ganz so einfach. Die Lösung der obigen Frage lautet nämlich nicht 60, sondern 66 Sekunden. Wenn Big Ben sechs Mal schlägt, so liegen zwischen dem ersten und dem letzten Schlag 5 Pausen von je 6 Sekunden (also ein Fünftel von 30 Sekunden). Wenn Big Ben nun zwölf Mal schlägt, liegen zwischen dem ersten und dem letzten Schlag 11 Pausen zu je 6 Sekunden. Also braucht die Uhr 66 Sekunden, um zwölf Mal zu schlagen.

Versuchen Sie sich nun an solchen durch logisches Denken und richtige Schlussfolgerung zu lösenden Aufgaben.

- Keksdosen

  Drei Keksdosen (und zwar alle drei!) sind folgendermaßen falsch etikettiert: »Butterplätzchen«, »Vanillekipferln« und »Butterplätzchen und Vanillekipferln«. Die Dosen sind verschlossen. Sie können also nicht hineinsehen. Sie dürfen nur ein Plätzchen aus einer einzigen Dose nehmen und müssen anschließend alle drei Dosen richtig beschriften können. Aus welcher Dose nehmen Sie das Plätzchen?

- Kettenglieder

  Sie erhalten zum Geburtstag fünf identische Goldkettchen mit jeweils vier Gliedern. Sie möchten sie zu einer einzigen langen Kette zusammenfügen. Es kostet Sie 5 Cent, ein Glied zu öffnen, und 7 Cent, es wieder schließen zu lassen. Wie viele Cent müssen Sie bezahlen, um eine einzige (offene) Kette zu bekommen?

- Stromausfall

  Um Mitternacht gibt es einen Stromausfall und Sie sitzen im Dunkeln. Sie haben 22 grüne Socken und 35 lilafarbene Socken in Ihrer Kommode. Wie viele Socken müssen Sie herausnehmen, um sicher zu sein, dass Sie ein zusammenpassendes Paar erwischt haben?

- Silber

In Kurdistan wird statt mit Geld mit unterschiedlich langen Silberstücken bezahlt. Ein Handwerker, der 15 Tage lang ein Haus renoviert, verlangt am Ende jedes Arbeitstages als Bezahlung ein 3 Zentimeter langes Stück Silber. Der Hausbesitzer, der nur ein 45 Zentimeter langes Stück hat, schafft es, den Arbeiter zufrieden zu stellen und doch seinen Silberbarren nur drei Mal zu zerteilen. Wie fängt er die Sache an?

- Die Münzen des Onkels

Ihr exzentrischer Onkel Klaus sammelt seltene Münzen. Er besitzt 24 Münzen, die völlig identisch aussehen; eine davon ist allerdings aus Gold, während die anderen aus einer schweren Legierung bestehen. Ihr Onkel bedeutet Ihnen, sich vor eine Waage mit zwei Waagschalen zu setzen; darauf erklärt er Ihnen, Sie könnten die Goldmünze haben, wenn Sie imstande wären, sie aus den 24 identischen Münzen herauszufinden. Sie dürfen aber die Waage nur drei Mal benutzen. Wie lösen Sie das Problem?

- Straßengabelung

Sie wollen nach Kleinwinternheim und kommen an eine unbeschilderte Weggabelung. Dort treffen Sie zwei Männer. Sie wissen, dass der eine von beiden immer die Wahrheit sagt und dass der andere immer lügt. Sie wissen aber nicht, welcher von beiden welcher ist. Um den richtigen Weg nach Kleinwinternheim herauszubekommen, dürfen Sie nur einem der beiden Männer eine einzige Frage stellen. Wie lautet diese Frage?

Was setzen Sie voraus?

Verbinden Sie mit höchstens vier geraden Strichen alle neun Punkte des folgenden Diagramms miteinander. Sie dürfen aber dabei den Stift nicht vom Papier heben.

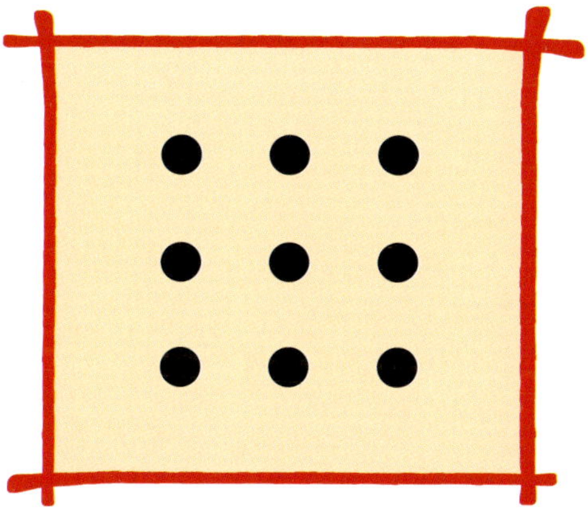

Bevor Sie darangingen, diese Aufgabe zu lösen, haben Sie sicherlich bestimmte Dinge stillschweigend vorausgesetzt, wodurch die Zahl möglicher Lösungen beträchtlich eingeschränkt wurde. Viele Leute nehmen zum Beispiel an, dass die Linien nicht über das durch die Punkte vorgegebene Quadrat hinausgehen dürfen. Da dies jedoch nicht ausdrücklich zur Auflage gemacht wurde, steht es Ihnen frei, sich über diese Einschränkung hinwegzusetzen und die Aufgabe beispielsweise so zu lösen:

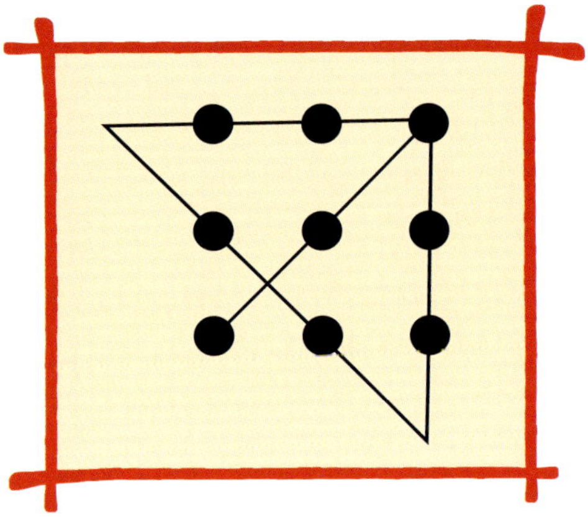

Wenn Sie sich von derartigen unbegründeten, rein spekulativen Voraussetzungen wie den nun folgenden freimachen, werden Sie zahlreiche weitere Lösungsmöglichkeiten finden:

- UNBEGRÜNDET EINENGENDE VORAUSSETZUNG:
  Die Linien müssen durch den Mittelpunkt der Punkte verlaufen. – Wenn Sie die Linien so ziehen, dass sie die neun Punkte gerade eben berühren, finden Sie sogar eine Lösung mit nur drei Strichen.

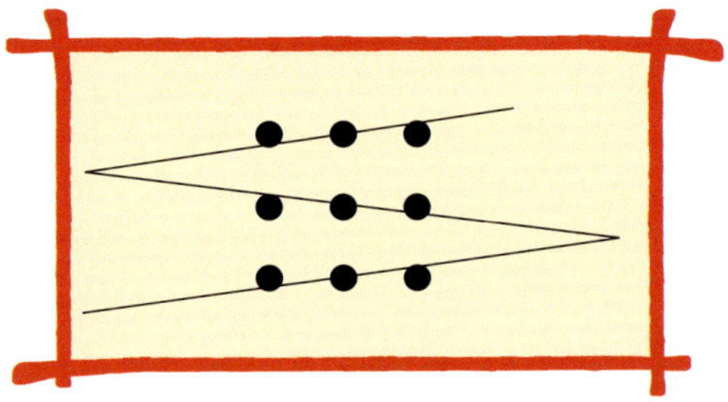

- UNBEGRÜNDET EINENGENDE VORAUSSETZUNG:
  Die Linien müssen dünn sein. – Verbinden Sie die Punkte zu einem einzigen dicken Strich und Sie haben das Problem gelöst.

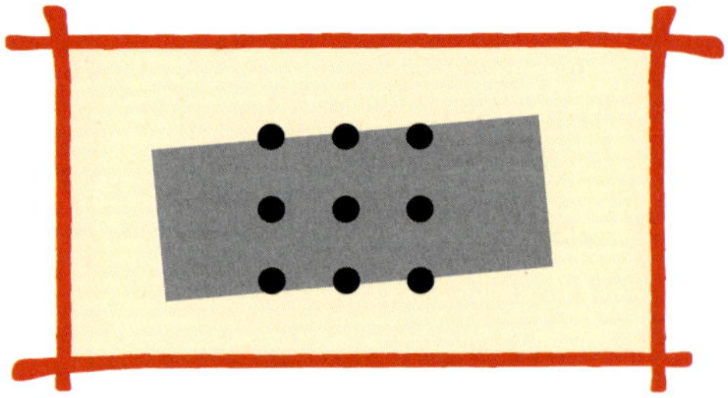

UNBEGRÜNDET EINENGENDE VORAUSSETZUNG:

Sie dürfen das Papier nicht knicken. – Falten Sie das Papier so, dass sich jeweils drei Punkte berühren. Auch so benötigen Sie nur einen Strich, um alle Punkte miteinander zu verbinden.

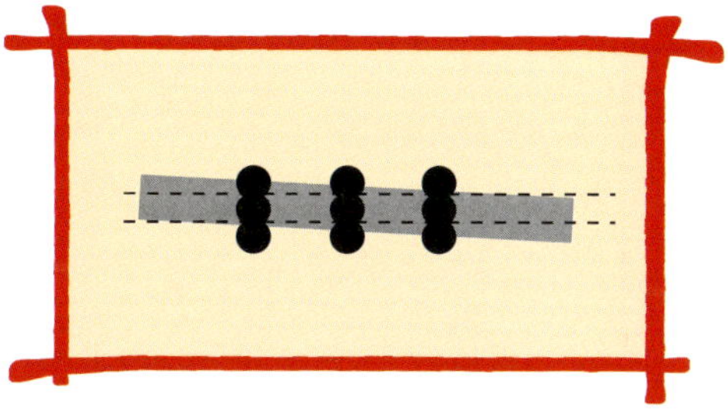

UNBEGRÜNDET EINENGENDE VORAUSSETZUNG:

Das Papier muss flach sein. – Rollen Sie das Papier zu einem Rohr. Nun können Sie die Punkte mit einer Spirale verbinden. Auf der gekrümmten Fläche ist die Linie gerade.

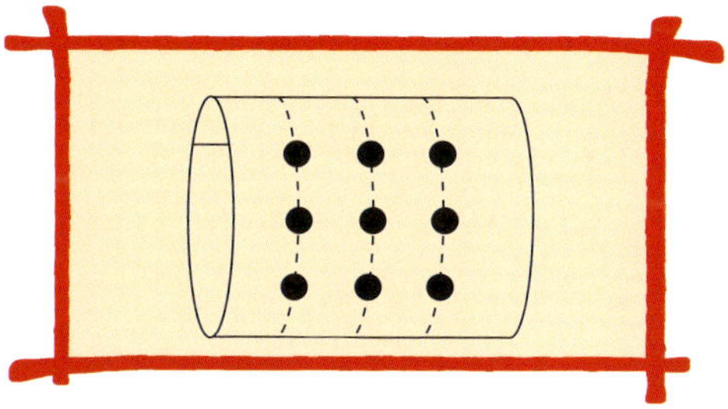

UNBEGRÜNDET EINENGENDE VORAUSSETZUNG:

Sie dürfen das Papier nicht beschädigen. – Schneiden Sie die Punkte aus, legen Sie sie aufeinander und spießen Sie sie mit Ihrem Stift auf. Sie haben alle Punkte miteinander verbunden.

UNBEGRÜNDET EINENGENDE VORAUSSETZUNG:

Die Linien dürfen nicht über das Blatt hinausgehen. – Wenn die Linie lang genug ist, geht sie einmal um die Erde und kommt auf der anderen Seite zu Ihrem Blatt zurück. Eine Linie, die zweimal den Erdball umkreist, löst das Problem.

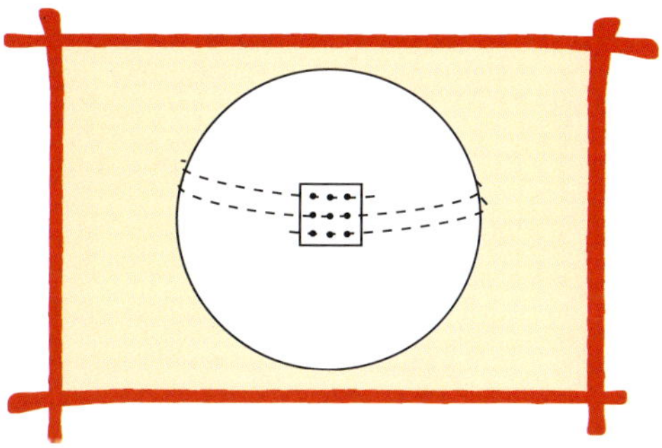

Auch zur Lösung der folgenden Aufgabe müssen Sie sich von einigen selbst auferlegten einschränkenden Voraussetzungen freimachen.

- Sechs Streichhölzer
  Bilden Sie mit sechs Streichhölzern vier gleichschenklige Dreiecke. Sie dürfen die Hölzchen aber nicht knicken oder brechen.

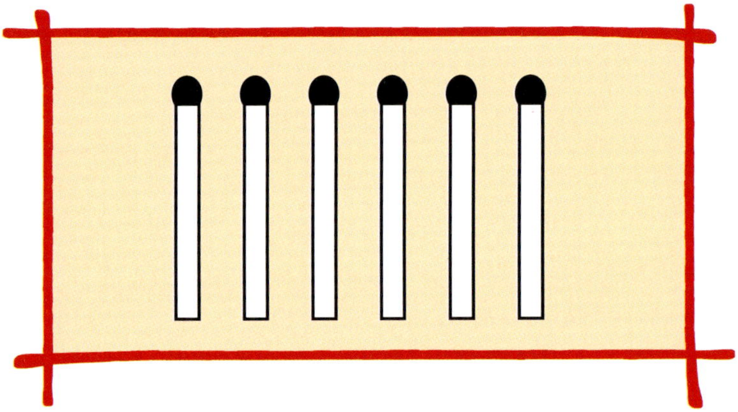

- Vier Streichhölzer
  Bewegen Sie nur eines der vier Streichhölzer und erzeugen Sie ein Quadrat. Sie dürfen keines der Hölzchen knicken oder brechen.

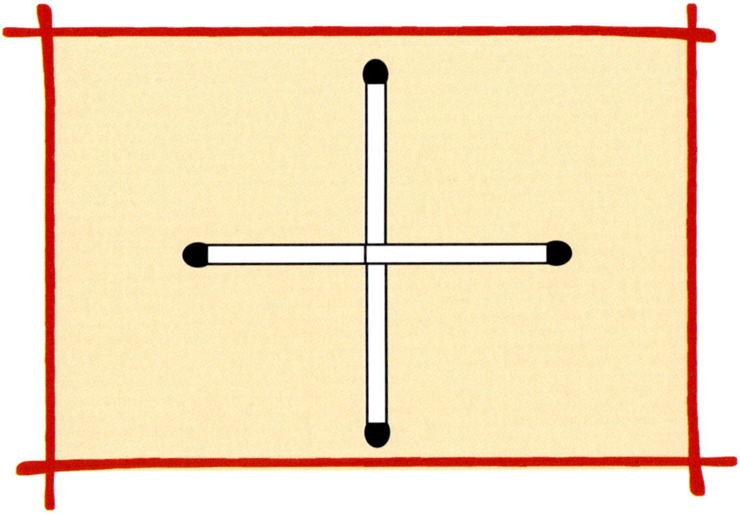

- Seidenstricke

  In einem Kloster hängen zwei kostbare Seidenstricke. Ein Dieb, der gleichzeitig auch Akrobat ist, möchte von beiden Stricken so viel wie möglich stehlen. Sie sind jedoch in etwa 1 Meter Entfernung voneinander an einer 9 Meter hohen Zimmerdecke befestigt und der Dieb weiß, dass er nicht tiefer als 4,5 Meter springen oder fallen darf, wenn er sich nicht alle Knochen brechen will. Da er keine Leiter mitnehmen kann, muss er an den Stricken hinaufklettern. Er überlegt eine Weile, dann weiß er, wie er es schaffen kann. Können Sie sich vorstellen, wie er die Sache anfängt?

Spielerisches Denken

Mir sind die Rätsel am liebsten, auf deren Lösung man durch eine plötzliche Einsicht kommt. Der Mathematiker und Rätselfan Martin Gardner nennt diese Art von Denkaufgaben die »Aha«-Rätsel. Versuchen Sie sich an den folgenden Gedankenspielen:

- Christas Taxi

  Christa ruft ein Taxi. Unterwegs redet sie so lange ununterbrochen auf den Fahrer ein, bis er ihr genervt erklärt, er verstünde kein Wort von dem, was sie sage. Er fügt hinzu, seit sein Hörgerät nicht mehr funktioniere, sei er taub wie eine Wachtel. Christa schweigt den Rest der Fahrt über, doch zu Hause angekommen geht ihr auf, dass der Taxifahrer geschwindelt hat. Wie ist Christa darauf gekommen?

- Der böse Geldverleiher

  Eine junge Frau steht in der Schuld eines bösen Geldverleihers. Er bietet ihr an, auf das Geld zu verzichten, wenn sie aus einer Tüte mit zwei Pralinen die weiße herausholen könne. Erwische sie aber die schwarze, müsse sie ihn heiraten. Die junge Frau weiß allerdings, dass der Geldverleiher in Wirklichkeit zwei schwarze Pralinen in die Tüte gesteckt hat. Wie zieht sie sich aus der Affäre?

Bullauge

Frank liegt in der Koje eines vor Anker liegenden Ozeandampfers und schläft. Mittags steht das Wasser sechs Meter unter dem Bullauge. Die Flut steigt aber um einen Meter pro Stunde. Wie lange dauert es, bis das Wasser das Bullauge erreicht hat?

Tunnel

Zwei Bahngleise verlaufen bis zu einem Tunnel parallel zueinander. Für zwei Züge ist der Tunnel jedoch zu eng, deshalb gehen hier die Gleise ineinander über. Eines Nachmittags fährt ein Zug von Süden in den Tunnel ein und ein anderer Zug von Norden. Beide Züge fahren mit Höchstgeschwindigkeit und in entgegengesetzte Richtungen, und doch stoßen sie nicht zusammen. Wie ist das möglich?

Radbelastung

Ein Auto fährt mit 120 Stundenkilometern in eine Rechtskurve. Welches Rad wird am wenigsten belastet?

Bakterien

Ein Biologe entdeckt eine neue Art von Bakterien, die sich einmal pro Stunde teilen. Aus zwei Bakterien werden also in der nächsten Stunde vier usw. Der Forscher legt um 9 Uhr morgens acht Bakterien in eine Petrischale. Um Mitternacht ist das Gefäß vollständig mit Bakterien angefüllt. Um wie viel Uhr war der Behälter genau viertel voll?

Plötzlicher Tod

Ein Mann küsst seine Frau, bevor er zur Arbeit geht. Er schließt die Wohnungstür, steigt in den Aufzug, drückt den Knopf zum Erdgeschoss und weiß im selben Augenblick, dass seine Frau gerade gestorben ist. Was ist geschehen?

Albatros

Ein Seemann betritt ein Restaurant, setzt sich an einen Tisch und bestellt Albatros. Als das Essen kommt, nimmt er nur einen Bissen, verlässt das Lokal, zieht eine Pistole aus der Tasche und erschießt sich. Warum?

Mord

Eine Frau wird wegen Mordes verhaftet. Sie wird vor Gericht für schuldig befunden und zum Tode verurteilt. Der Urteilsspruch kann jedoch nie vollstreckt werden. Warum nicht?

Seltsames Verhalten

Eine Frau betritt ein Zimmer und holt sich ein Glas Wasser. Nachdem sie das Wasser getrunken hat, hält sie eine halbe Minute lang den Atem an. Aus den Augenwinkeln sieht sie im Spiegel einen Mann hinter sich stehen, der ein Messer in der erhobenen Hand hält und gerade zustechen will. Sie schreit, der Mann lässt das Messer sinken und beide fangen an zu lachen. Wie erklären Sie sich das Verhalten der beiden?

Siebte Station: Geistiges Spiel

Lehnen Sie sich einige Augenblicke lang zurück.
Sehen Sie sich im Zimmer um, in dem Sie sich gerade befinden.

Sammeln Sie Ihre geistige Energie
und halten Sie mit aller Ihnen zu Gebote stehenden Kraft
Ihre Möbel davon ab, Sie auszulachen.

Spiel und Spaß

Der Regisseur Steven Spielberg steckte mitten in den Vorbereitungen zu seinem Film *Unheimliche Begegnung der dritten Art*, als er auf einmal merkte, dass er dringend eine Verschnaufpause nötig hatte. Es war spät in der Nacht und er beschloss, auf den Gipfel des Hollywood Hill zu fahren und auf das hellerleuchtete Los Angeles hinabzuschauen. Dort angekommen, stieg er, ohne sich dabei etwas zu denken, auf das Dach seines Autos und machte einen Kopfstand. Was er aus dieser Perspektive sah, inspirierte ihn zum Entwurf des Raumschiffs im späteren Film, dessen Unterseite ja tatsächlich an eine auf dem Kopf stehende Wolkenkratzerlandschaft erinnert.

Sehr oft stellen sich gerade dann neue Ideen ein, wenn man einfach nur ausspannt oder sich in irgendeiner Weise spielerisch betätigt. Machen Sie es sich zur Gewohnheit, hin und wieder Ihre Arbeit ohne einen besonderen Anlass zu unterbrechen. Wenn Sie es am allerwenigsten erwarten, werden Ihnen plötzlich, wie herbeigezaubert, ganz ausgezeichnete Einfälle kommen. Hier folgen nun einige Übungen, die Ihren Geist zu ungewohnten Denkweisen animieren sollen.

Wenn das Wörtchen wenn nicht wär'

Eine lustige Methode, die eigenen Gedankengänge in neue Bahnen zu lenken, besteht darin, die Frage »Was wäre, wenn ...« mit einem hypothetischen Sachverhalt zu verknüpfen.

- **Was wäre, wenn der Himmel immer dunkel gewesen wäre?** Wie hätten sich die Menschen dann wohl entwickelt? Wäre unser Gehörsinn weiter entwickelt als unser Sehvermögen? Würden wir anstelle von visuellen Bildern Klangbilder erhalten? Würden Farben in der Mode eine geringere Rolle spielen als die schallreflektierenden Eigenschaften unserer Kleidung? Wenn das Echolot unser ausgeprägtester Sinn wäre, wie würden wohl die Bücher aussehen? Wie würden wir schließlich die Wolken entdecken, die Atome oder auch nur die Farbe Rot?
- **Was wäre, wenn die Zeit rückwärts liefe?** Würde sich unser Sinn für Gut und Böse ins Gegenteil verkehren? Feuerwehrmänner wären plötzlich Schufte, weil sie sich einem Gebäude näherten, es erst mit Wasser überschwemmten, anschließend zusähen, wie es in Flammen aufgeht, und dann so schnell wie möglich wegführen. Der Brandstifter jedoch wäre ein Wohltäter, weil er sich, sobald die Feuerwehr verschwunden wäre, dem Brand näherte, zusähe, wie die Flammen allmählich kleiner werden, bis sie schließlich in Benzin ertränken, das er wiederum in seinen Kanister fließen ließe. Dann würde er das Feuer in Form eines Streichholzes in seine Tasche packen und das Benzin zur Tankstelle zurückbringen. Dort würde es im Tanklaster zur Raffinerie und von dort zurück in die Erde gebracht werden – wo es ja auch hingehört.
- **Was wäre, wenn wir uns länger konzentrieren könnten?** Wenn wir uns zwei Stunden statt zwei Minuten ununterbrochen konzentrieren könnten, würden dann die Werbespots im Fernsehen länger sein? Würde uns Tolstois *Krieg und Frieden* zu kurz vorkommen? Wären wir eher oder weniger dazu bereit, uns mit langweiligen Leuten zu unterhalten?
- **Was wäre, wenn wir sechshundert Jahre alt würden?** Mit wie viel Jahren würden die Menschen wohl Kinder bekommen? Hätte diese hohe Lebensdauer irgendwelche Auswirkungen auf unsere Versicherungsbeiträge oder die Bevölkerungszuwachsrate? Wären die Menschen wohl eher oder weniger dazu bereit, Fallschirm zu springen oder andere Risiken einzugehen? Hätten wir ein größeres Interesse an langfristiger Finanzplanung?

- **Was wäre, wenn es anstelle von zwei plötzlich drei Geschlechter gäbe?** Wie würde sich die Familienstruktur verändern? Wie würden dann die einschlägigen Bars aussehen? Würde die geschlechtsspezifische Diskriminierung eher ab- oder zunehmen? Welche Art von Kleidung würde das dritte Geschlecht wohl tragen? Welches Geschlecht wäre das stärkste?
- **Was wäre, wenn Humor unter Strafe stünde?** Wäre es ein größeres Vergehen, einen schlechten Witz zu erzählen als einen guten? Würden die Menschen ihren Sinn für Humor verlieren? Gäbe es wohl im Untergrund Schulen, in denen man lernen könnte, witzig zu sein? Würde Lachen als eine Art von Krankheit angesehen werden?
- **Was wäre, wenn wir jeden Schmerz, den wir anderen Lebewesen zufügen, am eigenen Leib spürten?** Würde es dann immer noch Kriege geben? Gäbe es dann immer noch Pferderennen? Würden die meisten Menschen Vegetarier werden? Wäre der Angelsport dann eine Sache der Vergangenheit? Auf welche Weise könnten die Menschen dann ihre Aggressionen abreagieren?

Wir können unsere Gedankengänge auch leicht in eine andere Richtung lenken, indem wir versuchen, uns emotional in eine für uns eigentlich nicht erfahrbare Situation zu versetzen.

- Wie fühlt es sich an, dem anderen Geschlecht anzugehören?
- Wie fühlt es sich an, ein Schmetterling zu sein, der davon träumt, ein Philosoph zu sein?
- Wie fühlt es sich an, eine Gehirnzelle zu sein?
- Wie fühlt es sich an, ein Proteinmolekül in einer DNS-Spirale zu sein?
- Wie fühlt es sich an, ein Proton zu sein?
- Wie fühlt es sich an, der letzte Satz eines großartigen Romans zu sein?
- Wie fühlt es sich an, der Indische Ozean zu sein?
- Wie fühlt es sich an, eine Taube auf dem Arc de Triomphe zu sein?
- Wie fühlt es sich an, ein Hurrikan zu sein?
- Wie fühlt es sich an, eine Zigarette zu sein?
- Wie fühlt es sich an, eine Schlange zu sein, die ihren Schwanz auffrisst?
- Wie fühlt es sich an, ein Halluzinogen zu sein?
- Wie fühlt es sich an, ein weit offener Platz zu sein?
- Wie fühlt es sich an, die Ewigkeit zu sein?
- Wie fühlt es sich an, Gott zu sein?

Geistige Manipulation

Die unten abgebildete Figur wird Necker-Würfel genannt. Im 19. Jahrhundert wurde sie von Psychologen zur Demonstration einer optischen Inversion benutzt. An diesem Würfel lässt sich nämlich sehr gut zeigen, wie sehr unsere Wahrnehmungen von unseren Gedanken beeinflusst werden. Wenn Sie die Figur betrachten, so sehen Sie den Würfel entweder in die eine oder in die andere Richtung weisen: Das am weitesten links liegende Quadrat scheint also entweder die Vorderseite oder die Rückseite des Würfels zu bilden. Wenn Sie länger hinschauen, werden Sie sehen, wie sich der Würfel verlagert – mit einem Mal scheint er in die andere Richtung zu weisen. Betrachten Sie nun den Neckerschen Würfel eine Zeit lang und achten Sie darauf, wie sich die Perspektive des Würfels verändert.

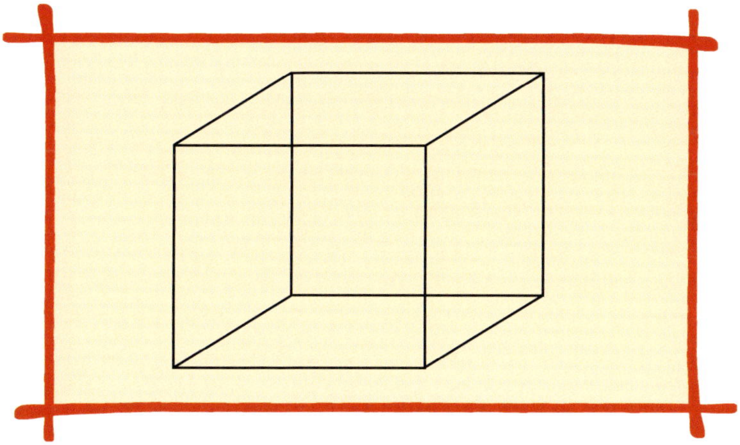

Beschäftigen Sie sich nun eingehender mit dem Necker-Würfel und versuchen Sie herauszubekommen, wie Sie ihn nach Wunsch verändern können. Lassen Sie ihn erst in der einen und dann in der anderen Perspektive erscheinen. Schalten Sie abwechselnd hin und her. Wenn Sie die Technik beherrschen, lassen Sie die Figur erst zweidimensional, dann zu einem von links und anschließend zu einem von rechts gesehenen Würfel werden. Und wenn Sie danach noch Lust haben, versuchen Sie, ihn *gleichzeitig* von links und von rechts zu sehen. Genießen Sie das Gefühl, beide Ansichten zur selben Zeit wahrnehmen zu können.

Der unvergleichliche Nasreddin Hodscha

Im gesamten östlichen Mittelmeerraum gehören die kurzen Anekdoten, die sich um den unlogischen, aber weisen Nasreddin Hodscha oder – wie er auch genannt wird – Mullah Nasreddin ranken, zu den allgemein bekanntesten Quellen des Bizarren und Paradoxen. Zunächst scheinen diese Geschichten jeglichen Sinnes zu entbehren. Wenn man sie jedoch eine Zeit lang im Geist bewahrt, sie ein wenig dreht und wendet, kann man vielleicht einige feine und kluge Lehren daraus ziehen. Wir alle sollten versuchen, unsere eigene Quelle des Unlogischen ausfindig zu machen.

- Nasreddin Hodscha trug einmal ein gerade gekauftes Stück Leber nach Hause. In der einen Hand hielt er ein Rezept für Leberpastete, das ihm ein Freund gegeben hatte. Plötzlich stürzte ein Habicht vom Himmel herab, riss ihm die Leber aus der Hand und flog davon. »Du Dummkopf!«, schrie der Hodscha ihm hinterher. »Du hast vielleicht das Fleisch – aber ich habe immer noch das Rezept!«
- Einmal wanderte Nasreddin Hodscha um Mitternacht durch die Straßen der Stadt. Ein Wachmann fragte ihn: »Was machst du denn hier so spät in der Nacht, Mullah?« Nasreddin antwortete: »Mein Schlaf ist verschwunden und ich bin auf der Suche nach ihm.«
- Nasreddins Frau platzte in das Zimmer des Hodscha und schrie: »Nasreddin, dein Esel ist verschwunden!« Der Hodscha blickte auf und entgegnete ruhig: »Was für ein Glück, dass ich nicht gerade auf ihm saß, sonst wäre ich jetzt auch verschwunden!«
- Ein Mönch sagte zu Nasreddin Hodscha: »Ich bin so abgeklärt, dass ich niemals an mich, sondern immer nur an andere denke.« Nasreddin erwiderte: »Ich bin so objektiv, dass ich mich so betrachten kann, als ob ich jemand anderes *wäre*; so kann ich es mir leisten, immer an mich selbst zu denken.«
- Als einmal die Mitglieder des Schiedsgerichts in eine andere Stadt gerufen wurden, fungierte Nasreddin für die Dauer ihrer Abwesenheit als Richter. Eines Tages kam ein Fremder ins Gerichtsgebäude und rief: »Ich bin in einen Hinterhalt geraten und ausgeraubt worden! Kurz vor diesem Dorf hat mir jemand meine Kleider, mein Schwert und sogar meine Stiefel gestohlen. Der Dieb muss aus diesem Dorf stammen. Ich verlange Gerechtigkeit!« Der Hodscha betrachtete den Mann eine kleine Weile und fragte dann: »Wie ich sehe, hat er dir dein Unterhemd aber nicht

gestohlen, oder?« Der Fremde blickte verwundert drein und sagte: »Nein, hat er nicht.« Nasreddin Hodscha dachte einen Augenblick nach und meinte darauf: »In diesem Fall kann der Dieb nicht aus unserem Dorf stammen. Hier werden die Dinge gründlich erledigt. Ich bin für deinen Fall nicht zuständig.«

Einfach erstaunlich

Finden Sie den Weg vom Start bis zum Ziel. Folgen Sie der durch einen Pfeil vorgeschriebenen Richtung, bis Sie zum nächsten Pfeil gelangen. Bei einem Doppelpfeil können Sie zwischen zwei Richtungen wählen.

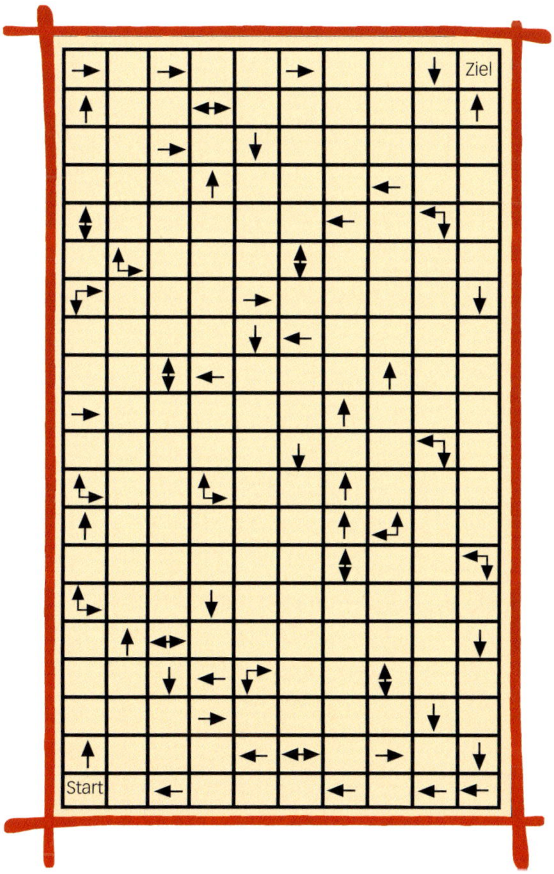

Ableger

Der Mathematiker John Conway erfand ein faszinierendes und leicht erlernbares Spiel, das er Ableger nannte. Hierbei werden auf einem Blatt Papier 16 Punkte so angeordnet, dass sie ein quadratisches Raster von 4 mal 4 Punkten bilden. Zwei Spieler verbinden abwechselnd je zwei Punkte durch eine gerade oder gebogene Linie miteinander. Auf diese Linie wird ein neuer Punkt gesetzt. Die Striche dürfen sich nicht überschneiden und maximal drei Linien dürfen einen Punkt berühren. Gewonnen hat derjenige, der den letzten Zug machen kann.

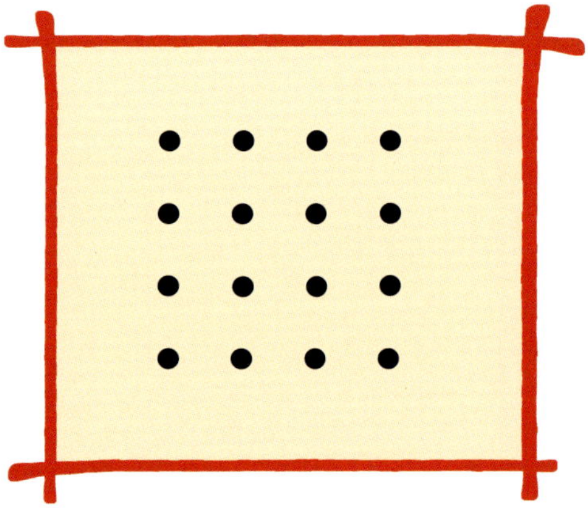

Bei diesem Spiel entstehen zahlreiche interessante und hübsche Muster. Während manche Leute kurze, dicke Striche ziehen, zeichnen andere eher lange, fließende Linien. Manche holen weit aus, andere halten sich eng an die Punkte. So kann das Ableger-Spiel ebenso zu einem ästhetischen Spiel wie zu einem Kampfplatz für den Intellekt werden.

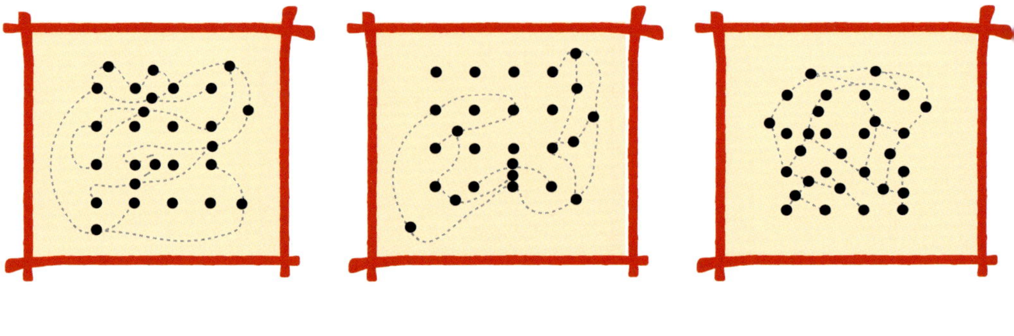

Go

Go ist ein sehr altes, ursprünglich chinesisches Brettspiel, das Mönche im 7. Jahrhundert in Japan einführten. Seine Spielregeln sind denkbar einfach. Zwei Spieler, schwarz und weiß, setzen abwechselnd je einen Stein auf einen beliebigen freien Schnittpunkt des Go-Brettes, das aus 19 waagrechten und 19 senkrechten Linien besteht. Der »schwarze« Spieler besitzt 181 und der »weiße« Spieler 180 Steine. Hat der Gegner einen Stein oder auch mehrere umzingelt, so darf er sie vom Brett nehmen. Ziel des Spieles ist, so viele Gebiete wie möglich zu erobern. Jeder Gefangene und jeder Gebietspunkt zählt jeweils einen Pluspunkt. Keine Rolle spielt hingegen, wie viele Steine dazu verwendet wurden.

Go ist ein leicht erlernbares, aber schwer zu meisterndes Spiel, bei dem man am besten seine visuelle Vorstellungskraft einsetzt. Go-Meister sprechen in Begriffen wie »lebende Gruppen«, »tote Gruppen«, »Initiative«, »Atempausen«, »starke und schwache Formen«, »Kommunikationslinien« und »Armeen, die Finger nach feindlichen Territorien ausstrecken«.

Das Go-Spiel fordert viele verschiedene Fähigkeiten des Geistes, angefangen bei den visuellen Strategien der Eröffnungszüge bis hin zu den logisch wohlüberlegten Taktiken des weiteren Spiels. Tatsächlich benutzten Samurais im 17. Jahrhundert das Go, um die praktische Kriegsführung zu lehren. Heutzutage wird das Spiel in Japan, China und Korea aus ästhetischen Gründen gespielt und weil man an ihm lernt, Initiative zu entwickeln, Opfer zu bringen und Risiken einzugehen.

Achte Station: Salto rückwärts

Nehmen Sie sich einige Minuten Zeit, um die folgenden Gedächtnisübungen durchzuführen.
Achten Sie dabei auf die Beschaffenheit Ihrer Erinnerungen.

Wie klar und deutlich sind sie?
Wie schnell erscheinen sie?

Lassen Sie Ihren Erinnerungen Zeit,
in Ihrem Geist vollständig Gestalt anzunehmen.

Erinnern Sie sich daran, wie Sie das letzte Mal schwimmen waren.
Erinnern Sie sich an den Namen
Ihres ersten Klassenlehrers
beziehungsweise Ihrer ersten Klassenlehrerin.
Rufen Sie sich ins Gedächtnis zurück, wovon das zweite Kapitel dieses Buches handelt.
Erinnern Sie sich an den Namen der Hauptstadt von Kanada.
Erinnern Sie sich an den Geruch von Knoblauch.
Erinnern Sie sich an die Antwort auf die Frage:
Warum ist der Himmel blau?
Erinnern Sie sich daran,
was Sie an Ihrem 12. Geburtstag taten.
Erinnern Sie sich an eine Zeit, in der Ihr Gedächtnis gut funktionierte.
Rufen Sie sich ins Gedächtnis zurück, was die Wurzel aus 16 ist.
Rufen Sie sich ins Gedächtnis zurück, was Sie gestern anhatten.
Erinnern Sie sich an die Form eines Eichenblattes.
Rufen Sie sich eine sehr frühe Erinnerung ins Gedächtnis zurück.
Erinnern Sie sich an den Augenblick, da Sie mit dieser Übung begonnen haben.

Im Laufe der Zeit

Eines der frühesten Erlebnisse, deren sich der Kinderpsychologe Jean Piaget entsinnen kann, ist, wie er einmal als Kleinkind beinahe entführt worden wäre. Piaget erinnert sich deutlich daran, dass er von zwei Männern überfallen und von seinem Kindermädchen zu einem Auto getragen wurde. Das Kindermädchen konnte die Männer in die Flucht schlagen und mit ihm im Auto entkommen. Zur Belohnung bekam sie von Piagets Eltern eine goldene Uhr geschenkt. 25 Jahre später gestand die Frau, dass sie die ganze Entführungsgeschichte nur erfunden hatte; sie hatte gehofft, für ihre Heldentat mit einer Gehaltserhöhung belohnt zu werden. Piaget konnte sich also lebhaft an ein Ereignis erinnern, das in Wirklichkeit niemals stattgefunden hatte!

Kognitive Psychologen sind der Ansicht, dass Erinnerungen nicht die objektiven Eindrücke früherer Geschehnisse, sondern vielmehr deren nachträgliche *Rekonstruktion* wiedergeben. Weil Piaget so oft von seiner Entführung hatte erzählen hören, waren die Bilder in seinem Geist lebendig geworden und vermittelten ihm nun den Eindruck, die Begebenheit habe tatsächlich stattgefunden.

Wenn Sie versuchen, sich ins Gedächtnis zurückzurufen, wie Sie das letzte Mal schwimmen waren, werden Sie wahrscheinlich sich selbst im Wasser sehen. Andererseits ist es unmittelbar einsichtig, dass Sie das tatsächliche Ereignis bestimmt nicht so erlebt haben, ja normalerweise gar nicht so erleben *können*. Wenn Sie schwimmen, erfahren Sie vielmehr das Gefühl der Schwerelosigkeit, die Nässe und Kälte des Wassers, die Spritzer auf Ihrem Gesicht und in Ihren Augen, Ihre Körperbewegungen und dergleichen mehr. In Ihrer Vorstellung erleben Sie die Sache aber aus einem anderen Blickwinkel: Wir erinnern uns an das, was wir uns selbst von dem jeweiligen Ereignis erzählen.

Warum erinnern wir uns manchmal an bestimmte Dinge und zu einem anderen Zeitpunkt wiederum nicht? Warum scheinen einige Erinnerungen nach und nach zu verblassen, ihren ursprünglichen Geschmack zu verlieren, andere hingegen zeitlebens so lebhaft wie am ersten Tag zu bleiben? Warum können wir uns an die Hauptfiguren eines Romans erinnern, den wir vor fünf Jahren gelesen haben – nicht jedoch an den Namen eines Menschen, den wir erst gestern kennen gelernt haben?

Eselsbrücken

Im Jahre 1968 befasste sich Alexander Luria, ein kognitiver Psychologe, eingehend mit dem bemerkenswerten Gedächtnis eines russischen Journalisten, den er S. nannte. Nur mithilfe seiner Vorstellungskraft und visueller Assoziationen konnte S. mühelos erstaunlich lange Listen von Zahlen und Namen im Kopf behalten. Um sich beispielsweise eine Einkaufsliste zu merken, stellte er sich vor, er liefe eine Straße entlang, und platzierte jeden zu kaufenden Gegenstand an einer bestimmten Stelle. So legte er also zum Beispiel die Eier unter eine Straßenlaterne, einen Liter Milch in einen Springbrunnen und die Butter auf einen Baum. Um sich die Gegenstände ins Gedächtnis zurückzurufen, brauchte er nur im Geiste die Straße noch einmal entlangzulaufen, die Umgebung zu betrachten und aufzuzählen, was er sah. Er machte seltsamerweise nur dann Fehler, wenn er einen Gegenstand irgendwo hingelegt hatte, wo er nicht leicht zu sehen war – also beispielsweise die Eier vor eine weiße Wand oder eine Flasche Bier in den Schatten eines Hauses.

Dies ist eine schon lange bekannte Erinnerungstechnik. Zunächst versuchen Sie, sich eine vertraute Umgebung möglichst lebhaft vorzustellen: die Straße, in der Sie wohnen, den Weg zu Ihrer Arbeit, die Küche oder Ihr Schlafzimmer. Nun legen Sie die Dinge, an die Sie sich erinnern wollen, an bestimmte Stellen in diesem visualisierten Raum. Angenommen, Sie müssten Milch, Eier, Artischocken, Steaks und Wein kaufen, so würden Sie im Geiste eine Sache nach der andren im Zimmer oder auf der Straße verteilen: Sie legen etwa die Milch an das Fußende Ihres Bettes, die Eier auf Ihre Kommode, eine riesige Artischocke auf das Telefon und so weiter. Versuchen Sie, sich die Gegenstände möglichst groß und auffallend vorzustellen. Je bizarrer das Bild aussieht, desto besser werden Sie sich alle Einzelheiten einprägen.

Mithilfe einer ähnlichen Technik können Sie sich auch eine Liste abstrakter Begriffe oder Gegenstände merken. Nehmen wir an, Sie müssten eine Rede oder Ansprache ohne Konzept halten. Die beste Art, sich die Hauptgedanken Ihres Vortrags einzuprägen, wäre dann, sie in visuelle Bilder konkreter Gegenstände zu »übersetzen«. Wenn Sie also beispielsweise zunächst über Profit reden müssen, so visualisieren Sie Geldsäcke, ein Füllhorn, Dagobert Duck oder was immer Ihnen sonst dazu einfällt. Müssen Sie anschließend über das Verteilernetz reden, so stellen Sie sich vielleicht einen Lastwagen oder eine Eisenbahn vor. Soll dann die Notwendigkeit personeller Veränderungen im Management der Firma angesprochen werden, so stellen Sie sich einen auf dem Kopf stehenden Manager vor. Wenn es dann an den Entwurf Ihrer Rede geht, ordnen Sie diese visuellen Gegenstände einfach in der richtigen Reihenfolge an. So sehen Sie etwa folgende Szene: Ein Geldsack wird von einer Lokomotive fortgeschoben, an der ein auf dem Kopf stehender Manager hängt, und so weiter. Mithilfe solcher einprägsamen Bilder werden Sie dann die Rede, genau wie vorgesehen, problemlos halten können.

Gedächtnisübungen

- Können Sie sich ins Gedächtnis zurückrufen
  - was Sie vor fünf Minuten gedacht haben?
  - was Sie vor ungefähr einer Stunde gedacht haben?
  - was Sie gestern um diese Uhrzeit gemacht haben?
  - was Sie an den letzten drei Tagen zum Frühstück gegessen haben?
  - wie Sie am letzten Wochenende angezogen waren?

- Lehnen Sie sich zurück:
  - Welches sind Ihre frühesten Erinnerungen?
  - Woran können Sie sich sehr deutlich erinnern?
  - Woran können Sie sich kaum noch erinnern?
  - Für welche Dinge haben Sie ein gutes Gedächtnis?
  - Für welche Dinge haben Sie ein schlechtes Gedächtnis?

- Kurzzeitgedächtnis

  Eine Übung für zwei: Setzen Sie sich Ihrem Partner gegenüber, wählen Sie willkürlich einen Satz aus einem Buch aus und lesen Sie ihn einmal leise durch. Sehen Sie darauf Ihrem Partner direkt in die Augen und wiederholen Sie den Satz aus dem Gedächtnis. Der Mitspieler spricht den Satz nach. Wenn er (oder sie) einen Fehler macht, so wiederholen Sie die Worte noch einmal. Kann Ihr Gegenüber den Satz richtig nachsprechen, so wählen Sie den nächsten aus. Nehmen Sie zunächst kurze, dann immer längere und schwierigere Sätze. Tauschen Sie regelmäßig die Rollen.

- Esstisch
  Wenn Sie das nächste Mal in einem Restaurant essen, dann fotografieren Sie im Geiste Ihren Esstisch. Stellen Sie dazu eine imaginäre visuelle Verbindung zwischen den einzelnen Gegenständen auf dem Tisch her. Lassen Sie also beispielsweise den Salzstreuer so auf Ihren Teller fallen, dass dieser sich überschlägt und gegen das Weinglas stößt, das daraufhin gegen eine Vase fällt, die ebenfalls umkippt. Die Blumen liegen nun in der Soßenterrine, während das Wasser auf die Tischdecke rinnt – und so weiter.

- Reflexionen
  Erinnern Sie sich an etwas, das Sie niemals vergessen wollten.

- Visuelles Gedächtnis
  Betrachten Sie eine Minute lang die unten abgebildeten Figuren und zeichnen Sie sie dann so genau wie möglich aus dem Gedächtnis nach.

- Tägliche Erinnerungsübung – von außen
  Visualisieren Sie jeden Abend, bevor Sie einschlafen, die Ereignisse des zu Ende gegangenen Tages. Stellen Sie sich alles, was Sie seit dem Aufstehen erlebt haben, bildlich vor. Sehen Sie es jedoch gewissermaßen aus der Sicht einer versteckten Kamera, die Sie den ganzen Tag über begleitet hat.

- Tägliche Erinnerungsübung – von innen
  Visualisieren Sie in den letzten Augenblicken vor dem Einschlafen die Ereignisse des Tages. Sehen Sie diesmal aber nicht durch die versteckte Kamera, sondern mit Ihren eigenen Augen.

- Tägliche Erinnerungsübung – mit allen Sinnen
  Versuchen Sie, sich vor dem Schlafengehen an alles zu erinnern, was Sie während des ganzen Tages gehört haben. Rufen Sie sich anschließend alles ins Gedächtnis zurück, was Sie gerochen, geschmeckt und gefühlt haben.

- Eine Erinnerung ins Gedächtnis zurückrufen
  Verbringen Sie einige Minuten mit einer eingehenden Untersuchung Ihrer Schuhe. Machen Sie sich bewusst, dass Sie durch diese Handlung ein Erinnerungsbild oder Engramm erzeugen. Rufen Sie sich zehn Minuten später ins Gedächtnis zurück, wie Sie die Schuhe untersucht haben. Wie fühlt sich das an? Worin besteht der Unterschied zwischen der tatsächlichen Handlung und der Erinnerung? Fünf Minuten später besinnen Sie sich auf die Erinnerung an die Schuhinspektion. Hat sie sich verändert? Weitere fünf Minuten später rufen Sie sich dann die Erinnerung an die Erinnerung an die Schuhinspektion ins Gedächtnis zurück.

- Erinnerungen an die Zukunft
  Wählen Sie eine einfache Handlung aus, wie etwa Schnürsenkel zubinden, sich an der Nase kratzen oder die Beine strecken, und beschließen Sie, diese Handlung zu einem bestimmten Zeitpunkt des Tages auszuführen. Nehmen Sie sich also beispielsweise vor, um 18 Uhr die Brille zu putzen. Was könnte Sie diesen Vorsatz vergessen lassen?

Reimwörter

Prägen Sie sich die folgende Liste von Zahlen und Merkwörtern ein:

Eins ist der Heinz	Sechs ist die Hex'
Zwei ist das Ei	Sieben sind die Rüben
Drei ist der Brei	Acht ist die Nacht
Vier ist das Bier	Neun ist die Scheun'
Fünf sind die Strümpf'	Zehn sind Zeh'n

Mithilfe dieser Liste können Sie sich zehn Dinge verhältnismäßig leicht merken. Nehmen wir an, Sie bräuchten zehn Werkzeuge aus einem Baumarkt. Sie geben nun das erste Werkzeug, also beispielsweise einen Hammer, im Geiste Ihrem imaginären Heinz, das zweite, einen Schraubenzieher, stecken Sie in das Ei und so weiter, bis Sie jedem Werkzeug das Reimwort einer Zahl zugeordnet haben. Rufen Sie sich anschließend Ihre Werkzeuge ins Gedächtnis zurück, indem Sie die Reimwörter der Reihe nach im Geiste abrufen. Prägen Sie sich zur Übung die folgende Wortliste ein und sagen Sie sie morgen beim Mittagessen auf:

Hammer	Nägel
Schraubenzieher	Dichtungsringe
Säge	Draht
Wasserwaage	Glühbirnen
Spachtel	Sandpapier

Wenn Sie das nächste Mal ungefähr zehn Dinge einkaufen müssen, dann sparen Sie Papier und wenden Sie die Reimwortmethode an!

Vergangenheits-, Gegenwarts-, Zukunftsgedanken

Entspannen Sie einige Minuten lang
Ihren Körper und Geist.

Erlauben Sie Ihrem Atem, sich zu verlangsamen
und ruhig und gleichmäßig zu fließen.

Sobald Sie sich erfrischt fühlen,
richten Sie Ihre Aufmerksamkeit auf Ihre Gedanken.

Erkennen Sie, dass sich einige Ihrer Gedanken
auf die Vergangenheit, einige auf die Gegenwart
und einige auf die Zukunft beziehen.

Achten Sie eine Zeit lang
auf diese Vergangenheits-Gegenwarts-Zukunftsbezogenheit.

Erkennen Sie, dass Ihnen dieser Richtungswechsel Ihrer Gedanken,
dieses abwechselnde Voraus- und Zurückblicken,
das Gefühl vermittelt, irgendwohin zu gehen,
von der Vergangenheit in die Zukunft zu reisen.

Versuchen Sie nun durch ein kleines Experiment,
die Zeitunterschiede auszugleichen.
Wählen Sie einen bestimmten Gedanken,
also beispielsweise das Bild eines künftigen oder vergangenen Ereignisses,
und verändern Sie nun die Zeitverhältnisse.

Visualisieren Sie also sich selbst in der Zukunft,
wie Sie in der Gegenwart zurückschauen –
oder aber wie Sie sich in der Vergangenheit aufhalten
und nach vorne in die Gegenwart blicken.

In welcher Weise verändert sich durch diese Übung
Ihre Empfindung von der Gegenwart?

Neunte Station: Geistige Flexibilität

Betrachten Sie die folgende Zeichnung.
Versuchen Sie zu erkennen, dass das komplizierte Muster
aus einfacheren Formen aufgebaut ist.

Geisthochsprung

Es gibt zwei geistige Fähigkeiten, die wir kontinuierlich einsetzen müssen, um die uns umgebende, unübersichtliche Vielfalt an Bildern, Klängen, Tastempfindungen, Gerüchen und Geschmäcken sichten und einordnen zu können: die zur Analyse und die zur Synthese. Die Analyse ist derjenige Vorgang, durch den man große Ideen, Vorstellungen oder Theorien in ihre Komponenten zerlegt. Wenn Sie eine Beziehung zwischen zwei Menschen, das Risiko in einer beruflichen Unternehmung oder den Verlauf eines Fußballspiels analysieren, dann untersuchen Sie das jeweilige komplexe Thema, indem Sie es in mehrere kleine begriffliche Teile aufsplittern. Das Gegenstück zur Analyse, die Synthese, ist der Vorgang, durch den man mehrere kleine Informationseinheiten zu einer Gesamtheit zusammensetzt. Um beispielsweise ein genaues Bild von den wirtschaftlichen Verhältnissen eines Landes, von der Funktionsweise der Schwerkraft oder Ihrem Ziel im Leben zu erhalten, sammeln Sie alle Informationsteilchen, die Sie finden können, und decken Muster, Beziehungen und Ursachen auf; alles zusammen macht dann Ihr späteres Gesamtbild aus.

Betrachten Sie nun das Bild noch einmal. Was können Sie tun, um es zu verstehen? Zunächst zerlegen Sie es in seine Bestandteile, indem Sie sich nacheinander auf jeweils eine Form konzentrieren – zuerst auf die Sterne, dann die Dreiecke, dann die Sechsecke und schließlich die Fünfecke. Erkennen Sie, wie alle diese Figuren zusammenpassen. Suchen Sie sich nun eine Linie aus und verfolgen Sie ihren Verlauf durch das gesamte Muster. Achten Sie darauf, wie sie Ränder und Umrisse bildet. Versuchen Sie jetzt, eine dem Muster zugrunde liegende Struktur zu erkennen. Wo wiederholen sich Formen? Können Sie das Muster nun selbst aufbauen?

Das Leben kann außerordentlich komplex und chaotisch sein. Um uns trotzdem darin zurechtfinden zu können, ordnen wir alle Dinge bestimmten Kategorien zu und klammern gewissermaßen unsere Erfahrungen im Geiste ein.

Muster entdecken

Wie lautet der nächste Buchstabe in der folgenden Reihe:

E Z D V F S S …?

Intelligenz ist zu einem großen Teil die Fähigkeit, Muster ausfindig zu machen. Durch jahrzehntelanges Experimentieren mit Pflanzen fand der Vererbungsforscher Gregor Mendel (1822 bis 1884) heraus, nach welchen Gesetzmäßigkeiten sich dominante und rezessive Merkmale vererben. Die nach ihm benannten Regeln bilden die Grundlage der modernen Genforschung. Der Naturforscher Charles Darwin (1809 bis 1882) erkannte physiologische sowie Verhaltensmuster bei Tieren und konnte daraus seine spätere Entwicklungs- und und Selektionstheorie ableiten. Der amerikanische Astronom Edward Powell Hubble (1889 bis 1953) entdeckte einen Zusammenhang zwischen der Entfernung von Galaxien und der Geschwindigkeit, mit der sie vor uns »zurückweichen«. Daraus schloss er, dass sich das Universum kontinuierlich ausdehnt. Der russische Chemiker Dimitri Mendelejew (1834 bis 1907) entdeckte eine Beziehung zwischen chemischen Elementen und entwickelte daraufhin sein Periodensystem, aufgrund dessen er noch unbekannte chemische Elemente sowie deren Atomgewicht und chemische Eigenschaften voraussagte.

Um das obige Buchstabenrätsel lösen zu können, müssen Sie eine all diesen Buchstaben gemeinsame Eigenschaft entdecken. Sie können also beispielsweise zunächst einmal überprüfen, welchen Platz sie im Alphabet einnehmen; dann könnten Sie ihre Form genauer untersuchen. Vielleicht fragen Sie sich aber auch, ob sie nicht in Wirklichkeit für eine andere Reihe stehen. Und nun fällt es Ihnen wie Schuppen von den Augen, und Sie erkennen das Muster: Die obige Reihe setzt sich aus den Anfangsbuchstaben der Zahlwörter Eins, Zwei, Drei, Vier, Fünf, Sechs, Sieben zusammen. Der nächste Buchstabe in der Folge wäre also A für Acht.

Betrachten Sie die folgenden geometrischen Figuren, und fragen Sie sich, welche von ihnen sich in grundsätzlicher Hinsicht von den übrigen unterscheidet.

Sie haben völlig recht, wenn Sie den Kreis ausgesucht haben: Er ist die einzige Form, die keine gerade Linie aufweist. Sie könnten allerdings ebenso gut auch das Quadrat gewählt haben, da es die einzige Figur mit vier rechten Winkeln ist. Doch auch das Dreieck ist ein Unikum, da es als einziges nicht symmetrisch ist. Der abgerundete Keil wäre ebenfalls richtig gewesen, da er die einzige Form sowohl mit einer geraden als auch mit einer gebogenen Linie ist. Die letzte Figur schließlich ist die einzige, bei der etwas »fehlt«. Mit anderen Worten: Jede der obigen Figuren unterscheidet sich hinsichtlich eines bestimmten Merkmals grundsätzlich von allen anderen. In diesem Sinne haben sie alle eine Eigenschaft gemeinsam und sind sich somit ähnlich.

Wie gesagt, benutzen wir unsere Intelligenz zum großen Teil dazu, Muster zu erkennen. Diese Fähigkeit ermöglicht es uns, Gesichter wiederzuerkennen, zu wissen, ob wir Bach oder Wagner lauschen, oder den Gang eines Freundes von dem eines Unbekannten zu unterscheiden. Unser Hang zur Meinungsbildung und Verallgemeinerung ist letztlich auch nur Ausdruck dieses Zwanges, die Welt zu einem Muster zu machen.

Analyseübungen

- Teilung

  Auf wie viele Weisen können Sie ein Quadrat in vier identische Stücke teilen? Schaffen Sie es, zehn verschiedene Wege zu finden?

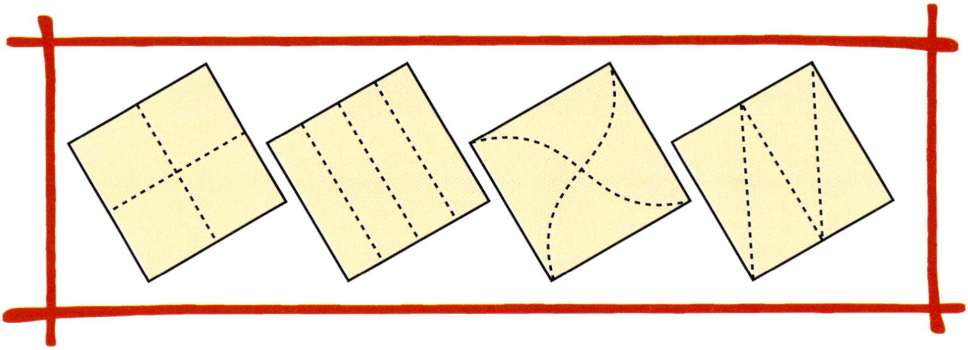

- Kritiker

  Wenn Sie ein Kritiker wären, nach welchen Kriterien würden Sie die Qualität einer CD beurteilen? Berücksichtigen Sie dabei die wesentlichen Faktoren: die Aufnahmequalität, das Arrangement, den Text, die musikalische Originalität. Nach welchen Kriterien würden Sie die folgenden Dinge beurteilen?

Filme	Fernsehwerbung
Moderne Kunst	Weißwein
Mode	Kartoffelchips
Autos	Smaragde

- Selektive Aufmerksamkeit
  - Wenn Sie das nächste Mal einer Sinfonie lauschen, dann versuchen Sie, sich auf ein bestimmtes Instrument zu konzentrieren. Versuchen Sie während des gesamten Stückes, Ihre Aufmerksamkeit nur auf dieses eine Instrument gerichtet zu halten.
  - Analysieren Sie heute beim Abendbrot, was Sie essen. Rechnen Sie alle Speisen in Kalorien um. Versuchen Sie, jede einzelne Komponente her-

auszuschmecken, zu riechen, zu sehen und zu fühlen. Denken Sie über den Ursprung jeder Zutat nach und verfolgen Sie ihren langen Weg zurück. Wie vielen Menschen haben Sie es wohl zu verdanken, dass all diese Speisen nun auf Ihrem Teller liegen?

- Nach wie viel verschiedenen Kriterien können Sie den menschlichen Körper analysieren? Berücksichtigen Sie seine Funktionen, Organe, Organisationsebenen und seine Entwicklung.

Kategorien

In wie viele unterschiedliche Kategorien können Sie die folgenden Begriffe aufspalten?

Nahrungsmittel: Früchte, Fleisch, Proteine, Kohlehydrate …
Wissenschaft: Physik, Paläontologie, Chemie …
Musik: Rock, Klassik, Instrumente, gefühlsmäßige Wirkung …
Gesetz: Gerichtshöfe, Richter, Polizei, Urteile …

Der Reihe nach

Ein weiterer Aspekt der Analyse ist das Aufteilen einer umfassenden komplexen Handlung in eine Reihe einfacherer Tätigkeiten. Schreiben Sie auf, wie viele Einzelschritte Sie ausführen müssten, um die folgenden Projekte durchzuführen. Listen Sie auch mögliche Alternativen auf, falls die Dinge nicht nach Plan laufen sollten:

- Einen Computer kaufen und benutzen lernen
- Viel Geld bei einer Grundstücksspekulation verdienen
- Einen Seehund halten und abrichten
- Nach Timbuktu reisen
- Fließend Persisch sprechen lernen
- Beleuchter für eine Rockband werden
- Ihre Wohnung neu streichen
- Ein Jagdmesser herstellen
- Ihr Haus oder Ihre Wohnung neu verkabeln
- Ein neues Badezimmer einbauen
- Eine Impfkampagne in einem Land der dritten Welt organisieren
- Eine Zeitung gründen
- Die Inneneinrichtung eines französischen Restaurants entwerfen

- Proportionen
  Zu welchem Prozentsatz ist Ihr Körper fest, flüssig, gasförmig?
  - Wie viel Zeit verbringen Sie am Tag, ohne einen Menschen zu sehen?
  - Wie viel von Ihrer Zeit verbringen Sie mit essen, schlafen, ausruhen, arbeiten, spielen, tagträumen?
  - Wie viele Tage im Jahr sind sonnig, bewölkt, regnerisch?
  - Wie viel von Ihrem Geld geben Sie für langfristige Ziele aus? Für Ihre Freizeit? Für Geschenke?
  - Wie viel Zeit verbringen Sie im Schneidersitz?
  - Wie viele von den Büchern, die Sie lesen, sind Romane? Wissenschaftliche Werke? Sachbücher? Theaterstücke?

Standpunkte

Damit Ihre Interpretationen flexibler ausfallen, werden Sie sich nun darin üben, Situationen von unterschiedlichen Standpunkten aus zu beurteilen. Stellen Sie sich die folgenden Szenen vor und schlüpfen Sie dabei in die Haut anderer Menschen.

- Ihr sechzehnjähriger Sohn hat Ihnen gerade gebeichtet, dass er Probleme mit Drogen hat. Überdenken Sie zunächst die Situation aus der Sicht Ihres Sohnes; dann aus Ihrer eigenen Sicht (also der eines Elternteils), danach aus der Sicht des besten Freundes Ihres Sohnes, seines Lehrers, seiner jüngeren Schwester und schließlich seines Drogenlieferanten.

- Eine arbeitslose alleinstehende Mutter, die ihre unzureichende Sozialhilfe mittels gelegentlicher Ladendiebstähle aufstockt, wird mit einem Diamantkollier erwischt. Sehen Sie die Situation zunächst aus der Sicht der Mutter, aus der des Ladenbesitzers und schließlich aus der Sicht des schulpflichtigen Sohnes. Wie würden Sie die Situation beurteilen, wenn die Mutter statt des Kolliers einen Laib Brot gestohlen hätte?

- Ein Unternehmen wird bestreikt. Sehen Sie die Situation zunächst aus Sicht des Streikkomitees. Dann aus der Sicht des Firmenvorstandes, des Firmeninhabers, der Streikbrecher.

- Sie sehen eine Gruppe von Hare-Krishna-Anhängern singend und tanzend durch die Hauptstraße ziehen. Was empfinden Sie dabei? Was würde ein jugendliches Mitglied der Sekte empfinden? Die Eltern des jugendlichen Mitglieds? Das Sektenoberhaupt?

- Sie sehen, wie jemand eine leere Schokoladenpackung vor einem Laden auf den Bürgersteig fallen lässt. Versetzen Sie sich in die Gefühle eines Straßenkehrers (wenn die Leute immer den Mülleimer benutzen würden, wäre der Straßenkehrer dann arbeitslos?), dann in die Lage des Ladenbesitzers und schließlich in die des Schokoladenherstellers.

- Sie sehen, wie sich eine alte Frau abmüht, in einen Bus zu steigen. Betrachten Sie die Situation aus der Sicht des Busfahrers. Dann aus der Sicht der alten Frau und schließlich aus der einer unter Zeitdruck stehenden jungen Dame, die sich hinter der alten Frau befindet.

Schätzungen

Ein anderer wesentlicher Aspekt des analytischen Denkens ist die Fähigkeit zu schätzen, wie groß oder klein, schnell oder langsam etwas ist. Welche große Rolle diese Fähigkeit im alltäglichen Leben spielt, können Sie aus den folgenden Übungen ersehen. Versuchen Sie, möglichst genaue Schätzungen zu machen.

- Zeit
  - Wie viel Zeit benötigen Sie zum Geschirrspülen?
  - Wie viel Zeit benötigen Sie zum Tanken?
  - Wie viel Zeit benötigen Sie zum Lesen dieses Buches?
  - Wie viel Zeit benötigen Sie zum Streichen Ihres Wohnzimmers?
  - Wie viel Zeit benötigen Sie zum Duschen?
  - Wie viel Zeit benötigen Sie morgens, um sich ausgehfertig zu machen – vom Augenblick des Aufstehens bis zum Verlassen der Wohnung?

- Entfernung
  - Wie weit ist es bis zu Ihrem linken Zeigefinger?
  - Wie weit ist es bis zum nächsten Atomkraftwerk?
  - Wie weit kommen Sie mit zehn Schritten?
  - Wie weit ist es nach Indien?

- Gewicht
  - Wie schwer ist ein durchschnittlicher Grashalm?
  - Wie viele Hühnereier wiegen ein Auto auf?
  - Wie schwer ist die Luft in Ihrem Zimmer?
  - Wie viel Wasser verbrauchen Sie in einem Jahr? Wie viel Zucker? Wie viel Salz?

- Ausmaße
  - Wie groß sind die einzelnen Zimmer Ihres Hauses oder Ihrer Wohnung?
  - Wie groß ist Ihr Küchentisch, sind Ihre Stühle, Ihre Fenster?
  - Wie sind die Körpermaße Ihres Partners beziehungsweise Ihrer Partnerin – also Größe, Gewicht, Kleidergröße und so weiter? Schätzen Sie die Maße freier weiterer Ihnen bekannter Personen.
  - Wie groß ist ein Blutkörperchen, ein Kohlenstoffatom, die Sonne, eine DNS-Spirale, ein Computerchip, ein Brontosaurus, ein Spiralnebel?

Syntheseübung

- Stimmt das?

  Überdenken Sie die folgenden Aussagen. Nehmen Sie zunächst an, dass sie wahr sind, und liefern Sie drei plausible Erklärungen dafür. Nehmen Sie dann an, dass sie nicht stimmen, und liefern Sie dafür ebenfalls drei Begründungen.
  - An Samstagen geschehen mehr Morde als an allen übrigen Wochentagen.
  - Die Stellung der Planeten im Augenblick Ihrer Geburt beeinflusst Ihr Schicksal.
  - Die Menschen stammen vom Affen ab.

- Fernsehen ist Kaugummi für die Augen.
- Alle Menschen haben unter den richtigen Umständen übersinnliche Fähigkeiten.
- Fleisch essen ist schlecht.
- Es ist gesund, negative Emotionen zu unterdrücken.

- Umschalten

  Im Allgemeinen stufen wir Erfahrungen als »gut« oder »schlecht« ein und reagieren deshalb in den entsprechenden Situationen in vorhersagbarer Weise. Versuchen Sie bei den folgenden Situationen nun einmal genau das Gegenteil von dem zu denken, was Sie normalerweise gedacht hätten.
  - Sie sind gefeuert worden. Zählen Sie fünf für Sie positive Auswirkungen dieser Situation auf.
  - Sie haben eine Million Euro gewonnen. Zählen Sie fünf für Sie negative Auswirkungen dieses Ereignisses auf.
  - Sie haben einen wichtigen Termin verpasst. Was könnte Gutes für Sie daraus erwachsen?
  - Sie haben durch einen Fernsehauftritt Berühmtheit erlangt. Welche Nachteile erwachsen Ihnen daraus?

- Zahlenmuster

  Bestimmen Sie die nächste Zahl oder den nächsten Buchstaben in den folgenden Reihen
  - A E F H I K L M …?
  - J30 J31 A31 S30 O31 N30 …?
  - 98 34 14 10 ...?
  - 3 1 4 1 5 9 2 6 5 3 ...?
  - Q W E R T ...?

Da im Prozess der Synthese Einzelinformationen zu einem Gesamtbild zusammengefügt werden, können Sie diese Fähigkeit sehr gut dadurch steigern, dass Sie versuchen, möglichst viele Fakten auf einmal im Kopf zu behalten. Versuchen Sie die folgenden Aufgaben zu lösen, indem Sie im Geiste die gegebenen Informationen in die richtige Beziehung zueinander setzen.

- Moni und Toni

  Moni und Toni sind gleichaltrig. Moni ist älter als Loni, die wiederum älter ist als Vroni. Erni ist älter als Vroni, aber jünger als Moni und Loni. Toni ist jünger als Heini. Ordnen Sie die jungen Leute nach der Reihenfolge ihres Alters.

- Thomas, Michael und Harald

  Thomas ist doppelt so alt, wie Michael sein wird, wenn Harald so alt ist wie Thomas jetzt. Wer ist der Älteste? Wer ist der Jüngste? Wer liegt altersmäßig dazwischen?

- Alternative Erklärungen

  Eine gute Methode, Ihre Synthesemuskeln in Form zu bringen, ist eine Reihe von Hypothesen über gegenwärtige Ereignisse aufzustellen. Nehmen wir zum Beispiel an, in dieser Woche hätte Ihr Telefon noch kein einziges Mal geklingelt. Sie könnten nun die Hypothese aufstellen, dass sich Ihre Telefonnummer ohne Ihr Wissen geändert hat, dass alle Ihre Freunde krank oder verreist sind oder dass sie in Arbeit ersticken. Verfahren Sie mit den folgenden Situationen analog.

  - Auf Ihrer Arbeitsstelle hat plötzlich jemand ungewöhnliches Interesse an Ihnen.
  - In Ihrer Nachbarschaft ist es an diesem Morgen auffallend ruhig.
  - Ihre Beine sind heute steif.
  - Sie haben ungewöhnlich gut geschlafen.

Zehnte Station: Geistige Balanceakte

Sie wandern an einem Strand entlang
und finden plötzlich eine halb im Sand vergrabene
prunkvolle Flasche.

Sie heben die Flasche auf und ziehen den Stöpsel heraus.
Da strömt plötzlich Rauch aus der Öffnung und verdichtet sich
zu einem magischen Wesen:
einen Geist.

Anders als vergleichbare Geister gewährt Ihnen dieser nicht drei Wünsche –
er lässt Ihnen dreimal die Wahl.

Erstens:
Sie können fünf Jahre länger leben.
Diese fünf Jahre werden allerdings einem Menschen Ihrer Wahl
von dessen Lebensdauer abgezogen.
Würden Sie diese fünf Jahre annehmen?

Zweitens:
Sie können 50.000 Euro bekommen,
wenn Sie sich eine Tätowierung von der Größe eines Geldscheines
machen lassen.
Würden Sie dieses Angebot akzeptieren?
Wenn ja, wo würden Sie die Tätowierung anbringen lassen
und welches Motiv würden Sie dafür wählen?

Drittens:
Sie dürfen sich eine neue Fähigkeit oder Eigenschaft wünschen.
Was würden Sie wählen?

Die Anatomie der Wahl

Wie viele Entscheidungen treffen Sie pro Tag? Zehn? Zwanzig? Hundert? Tausend? Beinahe in jedem Augenblick müssen Sie sich für oder gegen etwas entscheiden. Ihre Sitzhaltung, jeder Satz, den Sie sagen, Ihre Reaktion auf Freunde oder Familienmitglieder – sie alle beruhen, wenngleich in Gewohnheiten und Routine eingebettet, auf einer von Ihnen getroffenen Wahl. Bewusste, als solche erkennbare Entscheidungen sind weniger häufig zu treffen. Welche Kleider Sie kaufen, welches Fernsehprogramm Sie sich anschauen oder welches Gemüse Sie essen wollen, entscheiden Sie nur gelegentlich. Beide Arten von Entscheidungen bestimmen Ihren Charakter – oder wie es der Unternehmensberater John Arnold ausdrückt: »Was Sie wählen, ist das, was Sie sind.«

In vielen Fällen – so auch bei der obigen Übung – hängt eine Wahl nicht von logischer Überlegung oder Vernunftgründen ab. Sie sollte Ihnen dabei helfen, mit schweren Entscheidungen fertig zu werden. Haben Sie alle möglichen Alternativen erwogen? Haben Sie rein gefühlsmäßig gewählt? Haben Sie einen spontanen Entschluss gefasst?

Um eine kluge Wahl zu treffen, sollte man sämtliche Möglichkeiten nach einem System überprüfen, das sowohl die rationalen als auch die emotionalen Faktoren berücksichtigt. Bei all unseren Entscheidungen sollten unsere Gefühle, Glaubenssätze, Wertvorstellungen und unsere persönliche Einstellung eine wesentliche Rolle spielen.

Was bezwecken Sie?

Nur zu oft wird der erste und wichtigste Teil des Entscheidungsprozesses vernachlässigt. Um eine kluge Entscheidung zu treffen, müssen wir nämlich wissen, was wir eigentlich wollen. Wir müssen uns ein Ziel setzen.

Ohne ein klares Ziel vor Augen könnten wir unser ganzes Leben damit zubringen, über das falsche Problem nachzugrübeln. Geben Sie in einem einzigen präzisen Satz den Zweck des von Ihnen zu treffenden Entschlusses an:

Wie kann ich mein Ziel ___________ am besten erreichen?

Nehmen wir folgenden Fall an: Ein völlig überlasteter Manager kann sich nie einen freien Abend gönnen, weil er immer die halbe Nacht benötigt, um sein Arbeitspensum zu bewältigen. Er ist sich völlig darüber im Klaren, dass er ein solches Leben auf Dauer nicht durchhält. Er muss also eine Entscheidung treffen.

Er könnte beschließen, einen Assistenten einzustellen. Dadurch würde zwar sein Leben leichter werden, doch er käme dem erstrebenswerten Ziel nicht näher, überflüssige Arbeit zu vermeiden. Er könnte erwägen, einen Teil seiner Arbeit überhaupt unerledigt zu lassen; dann verfehlte er aber das wesentlichere Ziel, effektiver zu arbeiten. Er könnte sich schließlich überlegen, ob es nicht irgendwie machbar wäre, schneller zu arbeiten – aber damit würde er die Möglichkeit, Arbeit zu delegieren, außer Acht lassen.

Eine Zielsetzung – also die genaue Definition dessen, was es zu entscheiden gilt – sollte inhaltlich so weit wie möglich gefasst werden. Andernfalls könnte die Entscheidung am Wesentlichen vorbeigehen oder könnten die Lösungsmöglichkeiten unnötig eingeschränkt werden. Wenn der Manager

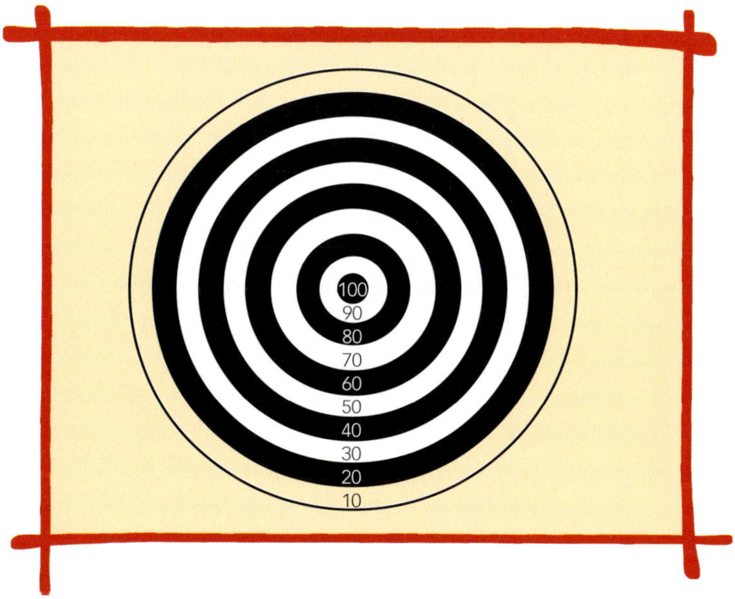

sich das ganz allgemeine Ziel stecken würde, die anstehende Arbeit auf die denkbar beste Weise zu erledigen, so hätte er die größten Aussichten, das Problem tatsächlich zu seiner Zufriedenheit zu lösen.

Denken Sie über die folgenden Beispiele von Zielsetzungen nach:

- Ein Teenager hat Akne. Geht es ihm lediglich darum, die Pickel loszuwerden, dann konzentriert er sich nur auf dieses begrenzte Problem. Will er sich jedoch so attraktiv wie möglich machen, so eröffnet er sich eine ganze Reihe von zusätzlichen Möglichkeiten: Er könnte sich besser kleiden, sich einen flotten Haarschnitt zulegen und gegebenenfalls abnehmen.
- Ein leitender Angestellter bekommt eine gute Stelle angeboten und muss sich nun zwischen seinem bisherigen und dem neuen Job entscheiden. Eine gute Zielsetzung könnte darin bestehen, die Kriterien zu finden, nach denen er die zwei Jobs sinnvoll gegeneinander abwägen kann. Er könnte diese Situation aber auch als eine Gelegenheit ansehen, darüber nachzudenken, ob eine grundsätzlich andere Beschäftigung ihm vielleicht mehr liegen würde.

Wenn Sie sich zunächst einmal Gedanken darüber machen, was Sie mit Ihrer späteren Entscheidung erreichen wollen, und sich dann erst mögliche Alternativen überlegen, wird Ihr Entschluss wesentlich effektiver ausfallen. Wenden Sie diese Methode auf jede Art von Entscheidung an – ob es sich dabei nun um Ihre häuslichen Finanzen dreht, um die Wahl einer Freizeitbeschäftigung oder um Ihr Verhältnis zu Ihrem Lebensgefährten.

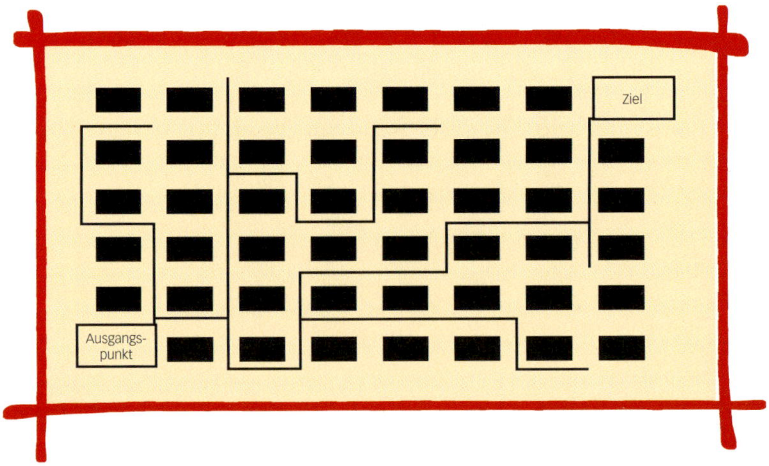

Eine inhaltlich weit gefasste Zielsetzung erleichtert uns außerdem, zwischen Mittel und Zeck zu unterscheiden. Der Zweck ist das letztliche Ziel, das erwünschte Endergebnis, das angestrebte Resultat. Die Mittel lassen uns dieses Ziel erreichen. Sie sind die konkreten Maßnahmen, mit deren Hilfe wir das Gewünschte schließlich bekommen. Je nach Zielsetzung kann ein und dieselbe Sache sowohl Mittel als auch Zweck sein. Beispielsweise kann ein Job ein Mittel sein, um persönliche Erfüllung und finanzielle Sicherheit zu erlangen; er kann aber auch der Zweck einer Arbeitssuche sein.

Kriterien aufstellen

Damit Sie tatsächlich den besten Weg zu Ihrem Ziel einschlagen, müssen Sie sich zunächst einmal dreierlei bewusst machen. Fragen Sie sich:

- Was will ich erreichen?
- Was will ich bewahren?
- Was will ich vermeiden?

Anhand Ihrer Antworten auf diese Fragen können Sie den relativen Wert verschiedener Alternativen beurteilen und Sie werden auf diese Weise sicherlich zur bestmöglichen Entscheidung gelangen. Nehmen wir beispielsweise an, Ihr Ziel wäre, ein Auto zu kaufen, und Sie müssten sich nun für ein bestimmtes Fabrikat entscheiden. Wenn Sie sich an die drei obigen Kriterien halten, könnte Ihre Entscheidungstabelle etwa so aussehen:

- **Erreichen:** Ein zuverlässiges Auto, das nur geringe Reparaturkosten verursacht, mit einer möglichst langen Garantiezeit. Einen sportlichen Wagen, nach dem sich alle Leute umdrehen. Einen bequemen und geräumigen Wagen. Ein Auto mit guter Straßenlage, einem starken Motor und allem Komfort.
- **Bewahren:** Meine Ersparnisse – ich brauche also einen preisgünstigen Wagen. Meinen gegenwärtigen Lebensstandard – also möglichst niedrige laufende Kosten, folglich ein Auto mit geringem Benzinverbrauch, niedrigen Versicherungsbeiträgen und gutem Wiederverkaufswert.
- **Vermeiden:** Teure Reparaturen. Ersatzteile sollten erschwinglich und leicht zu erhalten sein. Das Auto soll als zuverlässig gelten.

Nach Alternativen suchen

Nachdem wir nun unsere Kriterien bestimmt haben – also was wir erreichen, bewahren und vermeiden wollen –, sollten wir uns über den nächsten Schritt auf dem Weg zum Ziel Gedanken machen. Finden Sie heraus, wie Sie Ihren Kriterien möglichst gerecht werden können.

Grenzen Sie Ihr Ziel anhand Ihrer Kriterien ein und Sie werden Alternativen finden. Fragen Sie sich also im Falle des Autokaufs beispielsweise: Welches Auto kostet weniger als 30.000,- Euro, ist sportlich und doch geräumig, hat eine Fünfjahres-Garantie und ist in Knallrot erhältlich? Mit dieser genauen Zielbeschreibung im Sinn können Sie nun darangehen, die einschlägigen Zeitungen, Anzeigen oder Prospekte durchzuschauen und eine Liste von Autos zu erstellen, die wenigstens teilweise auf Ihre Definition passen.

Bieten sich nun mehrere Alternativen, so schreiben Sie alle Vor- und Nachteile dieser Möglichkeiten auf. Auf diese Weise können Sie sie leichter gegeneinander abwägen und schließlich eine Wahl treffen.

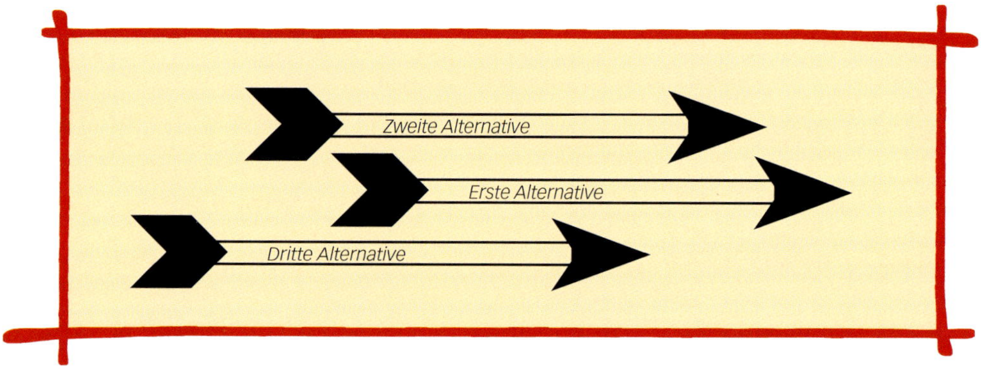

Das Abschätzen und Prüfen verschiedener Möglichkeiten

Sie haben nun eine Reihe von Alternativen; als Nächstes sollten Sie sie gegeneinander abwägen. Natürlich ist es auch möglich, dass Sie gleich auf Anhieb genau das finden, was Ihren Vorstellungen entspricht – also beispielsweise ein Auto, das all Ihren Anforderungen gerecht wird. Doch in der Regel wird es so sein, dass alles seine Vor- und Nachteile hat. Was dann?

Schreiben Sie Ihre Kriterien auf. Fügen Sie nun Ihre verschiedenen Möglichkeiten hinzu, messen Sie sie nacheinander an Ihren Kriterien und vergeben Sie wieder Punkte. Hat also Modell C den geringsten Benzinverbrauch, so geben Sie ihm in dieser Sparte die Note 10. Ist es dafür aber anfällig für Reparaturen, so schreiben Sie unter dem entsprechenden Oberbegriff die Note 6. Ihre Liste könnte dann in etwa so aussehen:

	Leistung	Reparaturen	Preis	Verbrauch
Modell A	9	6	10	8
Modell B	10	5	7	6
Modell C	9	6	6	10
Modell D	6	10	9	7

Anschließend multiplizieren Sie den zuvor von Ihnen bestimmten Wert des Kriteriums mit der Note, die Sie der jeweiligen Alternative gegeben haben. Wenn Ihnen also beispielsweise das Kriterium »Leistung« am wichtigsten ist, so erhält Modell A dafür 90 und Modell D 60 Punkte. So verfahren Sie jetzt mit allen Kriterien und rechnen anschließend die Gesamtpunktzahl jeder Alternative aus. Auf diese Weise sehen Sie, welches Auto Sie kaufen sollten.

	Leistung	Reparaturen	Preis	Verbrauch	Summe
Modell A:	9x10 = 90	6x5=30	10x8=80	8x3=24	224
Modell B:	10x10=100	5x5=25	7x8=56	6x3=18	199
Modell C:	9x10= 90	6x5=30	6x8=48	10x3=30	198
Modell D :	6x10= 60	10x5=50	9x8=72	7x3=21	203

In diesem Fall ging eindeutig Modell A als Sieger aus dem Wettstreit hervor. Jetzt möchten Sie vielleicht überprüfen, ob Ihre Entscheidung wirklich Ihren Wünschen entspricht. Verursacht die getroffene Wahl ein schlechtes Gefühl bei Ihnen, dann haben Sie vielleicht Ihre Kriterien nicht richtig bewertet oder Sie müssen noch weitere Alternativen ausfindig machen.

Entscheidungen, Entscheidungen, Entscheidungen …

- Entscheidungsaufwärmungsübungen
  - Welches war die beste Entscheidung Ihres Lebens? Warum war sie so gut? Wie sind Sie zu dieser Entscheidung gelangt?
  - Welches war die schlechteste Entscheidung Ihres Lebens? Warum war sie schlecht? Wie sind Sie zu dieser Entscheidung gelangt?
  - Welches war die schwierigste Entscheidung, die Sie jemals getroffen haben? Warum war sie so schwierig?
  - Welches war die ungewöhnlichste Entscheidung Ihres Lebens?
  - Welches war die früheste Entscheidung Ihres Lebens?

- Zielübung

  Entwickeln Sie für jede der folgenden Aufgaben eine genaue Zielvorstellung. Wie könnte das Resultat dieser Unternehmungen aussehen?
  - ein Haus kaufen
  - eine Illustrierte lesen
  - einen Kilometer joggen
  - alle Übungen dieses Buches ausführen
  - Lottoscheine kaufen
  - eine Schlankheitskur machen
  - keine negativen Emotionen herauslassen

- Kriterien aufstellen

  Stellen Sie die wichtigsten Kriterien für eine gute Wahl bei den folgenden Aktivitäten auf. Was könnten Sie erreichen, bewahren und vermeiden wollen, wenn es darum geht, eines der folgenden Dinge auszuwählen:
  - ein Lexikon oder einen Atlas
  - eine Schlafcouch
  - einen neuen Wintermantel
  - einen Roman
  - eine Karriere
  - einen Partner fürs Leben

- Noten verteilen
  Nehmen Sie ein Blatt Papier und ordnen Sie die folgenden Kriterien für einen Hauskauf nach der relativen Wichtigkeit, die sie für Sie besitzen: Preis; Hypothekenrate; Nähe zur Schule, Kirche und Geschäften; Straßenlärm; Steuern; Geräumigkeit; Zimmeraufteilung; Zahl und Größe der Badezimmer; Speicherraum; allgemeiner baulicher Zustand; Alter und Zustand des Daches; Heizung; Verputz; Kellergröße; Fußböden; Parkmöglichkeiten; Größe des Gartens.

- Der Weg dahin ist das halbe Vergnügen. Überlegen Sie, welche Handlungen notwendig sind, um folgende Ziele zu erreichen:
  - Innerhalb von vier Wochen ein Fußballspiel zu organisieren
  - Bis Anfang Juni mit der Programmiersprache C++ vertraut zu sein
  - Im nächsten März nach Kenia reisen
  - Bis Weihnachten Wohn- und Schlafzimmer neu tapezieren

- Wählen und fühlen
  Von Albert Einstein erzählt man sich folgende Geschichte: Jedes Mal, wenn er vor einer Entscheidung stand, bei der er zwischen zwei Möglichkeiten wählen musste, holte er eine Münze aus der Tasche, setzte die eine Alternative mit dem Bild, die andere mit der Zahl gleich und warf dann das Geldstück. Sobald er sah, für welche Möglichkeit sich der Zufall entschieden hatte, fragte er sich, was er dabei empfand. Hatte er ein gutes Gefühl, so nahm er die Entscheidung an, war ihm dagegen nicht recht wohl dabei, wählte er die andere Alternative.

- Überdenken Sie die folgenden hypothetischen Situationen
  - Wenn Sie heute Abend sterben müssten, um welche nicht ausgesprochenen Worte täte es Ihnen am meisten leid?
  - Wenn man Ihnen eine Million Euro anbieten würde unter der Bedingung, dass Sie das Land auf immer verlassen – was würden Sie tun?
  - Würden Sie eine Kuh töten, wenn Sie nichts anderes zu essen hätten?
  - Wenn Sie wüssten, dass in fünf Tagen ein Atomkrieg ausbricht, was würden Sie tun?
  - Wenn Sie die Wahl hätten, würden Sie dann Ihren genauen Todestag wissen wollen?
  - Stellen Sie sich vor, Sie könnten auf eine einzige Frage die richtige Antwort erhalten. Nehmen wir weiter an, Sie könnten jede beliebige Frage über die Vergangenheit, Gegenwart oder Zukunft stellen. Wie würde Ihre Frage lauten?
  - Wenn Sie einen Tag und eine Nacht lang das Leben eines anderen Menschen leben könnten, welchen Menschen würden Sie sich aussuchen, und was würden Sie dann tun?
  - Wenn Sie einen Tag lang ein bestimmtes Tier sein könnten, welches Tier wäre das?

- Risikomuskel

  Im nächsten Jahr sollen Sie auf Ihrem Acker einige Nutzpflanzen anbauen. Sie haben die Wahl zwischen drei Getreidearten, die jeweils andere klimatische Bedingungen bevorzugen. Es wir im nächsten Jahr drei verschiedene »Wetterarten« geben: gutes, mittleres und schlechtes Wetter. Sie können aber keine konkreten Prognosen anstellen, weil die Wahrscheinlichkeit für alle drei Wetterarten gleich groß ist. Die folgende Tabelle verzeichnet die zu erwartenden Erträge für die verschiedenen Wetterbedingungen.

	Gutes Wetter	Mittleres Wetter	Schlechtes Wetter
Saat 1	24	0	–6
Saat 2	12	6	0
Saat 3	6	6	6

Für welche Pflanze würden Sie sich entscheiden? Warum?

- Mehr Alternativen finden

  Das *I-Ging*, das »Buch der Wandlungen«, ist ein altes chinesisches Weisheits- und Orakelbuch. Bei schwierigen Entscheidungen sollten Sie dieses Werk zu Rate ziehen – nicht um sich weissagen zu lassen, sondern um Ihr Denken in neue Bahnen zu lenken.

- Bewerten üben

  Bewerten Sie die folgenden sieben Figuren gemäß Ihren Vorlieben. Wählen Sie zunächst die Form, die Ihnen am besten gefällt, dann die, die Sie am wenigsten mögen.

  Bei den übrigen fünf verfahren Sie genauso: Sie sondern die hübscheste und die hässlichste aus. Bei den restlichen drei Figuren machen Sie es dann ebenso.

- Die Wurzel des Problems

  Wenn Sie das nächste Mal deprimiert sind, dann nehmen Sie sich Zeit, den Entscheidungsvorgang durchzuspielen. Fragen Sie sich, worin Ihr Problem liegen könnte. Bestimmen Sie eine Zielvorstellung. Definieren Sie Kriterien. Finden Sie heraus, was nötig wäre, damit Sie sich besser fühlen.

Elfte Station: Improvisieren

Nehmen Sie sich ein wenig Zeit,
um abzuschalten und sich zu entspannen.

Lassen Sie Ihre Aufmerksamkeit frei schweifen.
Erlauben Sie ihr, beliebig von einer Sache zur anderen
überzugehen.

Sobald sich Ihr Geist beruhigt hat
und Sie dazu bereit sind,
tun Sie irgendetwas Kreatives.

Nun los, packen Sie es an.

Beginnen Sie jetzt.

Der kreative Prozess

Die Kreativität ist ein wesentlicher Aspekt der Intelligenz. Sie zu definieren ist jedoch mindestens ebenso schwierig, wie einen Quecksilbertropfen mit den Fingerspitzen zu fassen: Sobald man glaubt, ihn zu haben, teilt er sich in Dutzende weiterer Tröpfchen, die in alle Richtungen davonrollen.

Sind denn nur wirklich originelle Ideen ein Zeichen von Kreativität? Sind wir nur dann schöpferisch, wenn wir etwas künstlerisch und ästhetisch Wertvolles schaffen? Kann Kreativität nicht auch das Resultat sorgfältiger und systematischer Arbeit sein? Wird sie immer von einem Gefühl der Inspiration begleitet, von der Empfindung, dass die jeweilige Idee aus dem Nichts entstanden ist?

Einige Psychologen halten Kreativität lediglich für eine innovative Art,

Probleme zu lösen. So gesehen wäre sie nichts Außergewöhnliches, sondern lediglich die Folge methodischen Denkens. Andere Psychologen sind der Ansicht, Kreativität sei ein stürmischer, unkontrollierbarer Prozess, der mehr oder weniger aus dem Unbewussten entsteht und große Intuitionssprünge voraussetzt. So gesehen wäre Kreativität etwas Mysteriöses und Unberechenbares. Beide Definitionen sind teilweise richtig.

Wir sind dann kreativ, wenn wir eine Idee nicht von jemand anderem übernehmen, sondern selbst erzeugen. Wir müssen gewissermaßen ihrer Geburt in unserem Kopf beiwohnen. Es spielt dabei jedoch keine ausschlaggebende Rolle, ob diese Idee die Folge eines langwierigen Denkvorgangs oder einer plötzlichen Inspiration ist.

Sie können bei der letzten Übung eine ganze Reihe von Dingen getan haben: Sie könnten beispielsweise einen Kopfstand gemacht haben, Urwaldgeräusche produziert, mit den Fingern einen Rhythmus auf der Tischplatte geklopft oder über die Quantentheorie nachgedacht haben. Sie brauchten keine plötzliche Eingebung, keinen Gedankenblitz, keine Erleuchtung zu haben – Sie sollten sich lediglich darüber Gedanken machen, was Kreativität für Sie bedeutet.

Ein schöpferischer Akt kann ein Problem lösen, einen bestimmten Zweck erfüllen oder ein Bedürfnis befriedigen, das sowohl praktischer als auch emotionaler oder ästhetischer Natur sein kann. Um etwas wirklich Originelles hervorzubringen, sind aber in jedem Fall Können und Fleiß vonnöten, gleichgültig ob man nun Brücken entwirft, ein Rezept erfindet, die Decke der Sixtinischen Kapelle bemalt oder seine Autobiografie schreibt. Der Psychologe Abraham Maslow drückt dies so aus: »Eine erstklassige Suppe erfordert mehr Kreativität als ein zweitklassiges Gemälde.«

Den schöpferischen Prozess kann man in zwei Hauptphasen unterteilen: in die der *Bereitstellung* und die der *Auswertung*. In der *Bereitstellungsphase* erzeugt und manipuliert man neue Ideen. Man sammelt unzusammenhängendes Material, stellt neue Verbindungen her und sucht nach ungewöhnlichen Mustern. Man bedient sich seiner Vorstellungskraft, denkt in spielerischen Bahnen, bricht Regeln und lässt die Ideen im Hinterstübchen seines Kopfes gewissermaßen auf kleiner Flamme gar werden.

In der *Auswertungsphase* sichtet man das gesammelte Material und setzt es gegebenenfalls in die Tat um. Man entscheidet, ob eine Idee tatsächlich zu verwirklichen ist und ob sie den aufgestellten Kriterien gerecht wird. Ist dies der Fall, realisiert man sie. Diese beiden Phasen ergänzen sich gegenseitig: Zunächst erweitert man sein Denken, um Ideen zu erzeugen, anschließend engt man es wieder ein.

Ebenso wie zum Beispiel beim Hochsprung ist auch beim kreativen Denken das richtige Timing von ausschlaggebender Bedeutung. Wenn man während der Bereitstellungsphase versucht, praktisch, kalt und logisch zu denken, engt man seine Möglichkeiten ein, anstatt sie zu erweitern. Denkt man in der Auswertungsphase dagegen frei und assoziativ, lässt sich eine Idee vielleicht nicht in die Tat umsetzen oder es werden möglicherweise wesentliche Mängel übersehen. Es ist außerordentlich wichtig, dass wir erkennen, wann wir uns konzentrieren müssen und wann wir unserer Fantasie freien Lauf lassen können.

Sie sehen über die erste richtige Antwort hinaus

Was ist das?

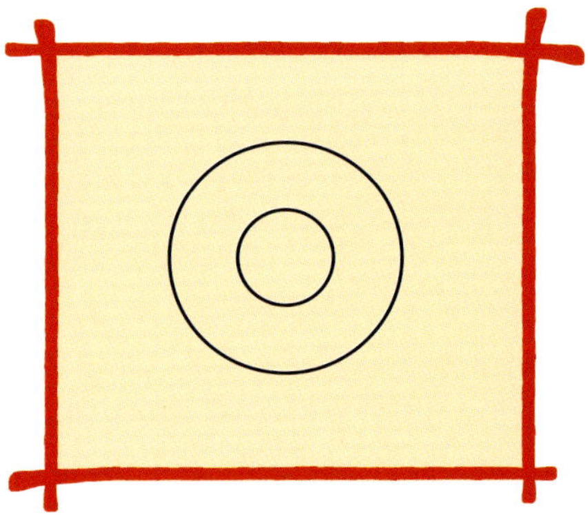

Unser Denken ist zum großen Teil darauf abgerichtet, auf jede Frage eine einzige richtige Antwort zu finden. Mit dieser Annäherung an die Problemlösung, die uns jahrelang durch Schultests und Prüfungen einprogrammiert wurde, klassifizieren wir alles nach »ja« oder »nein«, »richtig« oder »falsch«, »schwarz« oder »weiß«.

Als Folge dieses eingleisigen Denkens geben wir uns bei der Suche nach neuen Ideen in der Regel mit der erstbesten richtigen Antwort zufrieden. Diese Lösung, die jedoch keineswegs die *beste* zu sein braucht, unterbindet den Drang weiterzusuchen. Die Gelegenheit, eine *bessere* Lösung zu finden, ist vertan.

Sie könnten beispielsweise die obige Zeichnung als zwei Kreise erklären und sich damit zufrieden geben. Sie könnten allerdings auch weitergehen und in der Zeichnung ein Spiegelei sehen oder eine Toilettenpapierrolle von oben, einen Sombrero von oben oder unten, den Augapfel eines Albinos, die Mündung einer Pistole, die Umlaufbahnen des Merkur und der Venus oder die Unteransicht einer Glühbirne.

Wenn Sie also in irgendeiner Weise kreativ tätig werden sollen oder wollen, dann geben Sie sich nicht zu früh zufrieden. Es ist zwar auch dann ohne weiteres möglich, dass Sie 19 von 20 Ideen in den Papierkorb werfen müssen; doch erinnern Sie sich daran, dass Edison über 2.000 Möglichkeiten gefunden hatte, wie man *keine* Glühbirne herstellen kann. Wenn Sie also nicht weitersuchen, könnte es sein, dass Ihnen eine bessere Lösung entgeht.

Verbindungen herstellen

Was erhalten Sie, wenn Sie eine Glühbirne mit einem Kugelschreiber kreuzen?

Viele Erfindungen kamen dadurch zustande, dass jemand zwei scheinbar völlig disparate Ideen miteinander kombinierte und sie in etwas vollkommen Neues umwandelte. Der Mainzer Johannes Gutenberg (um 1397 bis 1468) verband die Idee einer Traubenpresse und eines Münzprägestempels miteinander und erfand so eine Druckerpresse mit beweglichen Lettern. Der englische Anatom und Physiologe William Harvey (1578 bis 1657) stellte eine Analogie zwischen einer Wasserpumpe und dem menschlichen Herzen her und entdeckte auf diese Weise den Blutkreislauf. Die Brüder Wright kombinierten die Ideen des Fahrrads, des Vogelflügels und des Motors miteinander und entwickelten daraus Anfang des letzten Jahrhunderts das erste Motorflugzeug.

Bei der obigen Frage wären mehrere Resultate möglich. Sie könnten beispielsweise an einen Kugelschreiber mit eingebauten Birnchen gedacht haben, mit dem man auch an dunklen Orten schreiben und sehen kann. Ein weiteres mögliches Ergebnis wäre ein besonderer Kugelschreiber, mit dem man auf Glühbirnen zeichnen und dadurch hübsche Muster auf die Wände projizieren kann. Auch wäre ein Kugelschreiber denkbar, den man in eine Halterung einschraubt und auf diese Weise nachfüllt. Welche weiteren Kreuzungen fallen Ihnen noch ein?

Es ist interessant zu beobachten, in welcher Weise eine solche Verbindung in unserm Kopf zustande kommt. Gerade tappen wir noch im Dunkeln und im nächsten Augenblick haben wir auch schon eine Idee gefunden. Was geschieht zwischen diesen beiden Momenten? Wir haben ein Aha-Erlebnis. Dieses »Aha«, das wir erfahren, wenn wir eine Verbindung hergestellt und eine Entdeckung gemacht haben, ist dem »Haha« vergleichbar, das wir im Zusammenhang mit etwas Lustigem erleben. Beide Reaktionen äußern sich spontan.

Auslösende Wörter

Stellen Sie sich Ihren Geist als eine riesengroße Bibliothek vor. Ihre Erinnerungen, Erfahrungen und Vorstellungen sind die Klassiker, die Romane, Krimis, Komödien, Tragödien, Gedichtbände, Wörterbücher und Lexika, mit denen Sie Regal um Regal voll gestellt haben. Viele von Ihnen sind in dunklen Ecken – ganz unten, ganz oben oder irgendwo auf dem Korridor – versteckt. Sie sind zwar grundsätzlich noch immer verfügbar, aber nicht mehr so leicht zugänglich.

Es gibt mehrere Möglichkeiten, wie wir uns einen besseren Zugriff auf unsere geistige Bibliothek verschaffen können. Die Verwendung bestimmter Wörter, die neue Assoziationen hervorrufen, ist eine solche Methode, bereits in unserem Geist vorhandene Informationen abzurufen und sie in kreativer Weise einzusetzen. Blättern Sie also beispielsweise ein Wörterbuch durch und suchen Sie sich ein Wort aus, das Sie mit der Idee, an der Sie gerade arbeiten, in irgendeiner Weise verbinden können. Sie können aber auch die Augen schließen, das Buch an einer beliebigen Stelle aufschlagen, den Finger blindlings auf ein Wort legen und nun eine Beziehung zu Ihrem Thema erzwingen.

Gesetzt den Fall, Sie arbeiten gerade an der Entwicklung eines neuen Brettspiels und wären bei Ihrer Suche auf das folgende Wort gestoßen:

ENZYM

Was könnten Sie nun damit anfangen? Ein Enzym ist eine organische Verbindung, die den Stoffwechsel des Organismus steuert. Das Wort könnte Sie an Zellen und Mikroben erinnern und schon hätten Sie eine Idee für Ihr Spiel: Einige Spieler könnten die Mikroben sein, die versuchen, Zellen anzugreifen, während andere Spieler die Zellen verteidigen müssten. Sie könnten auch an eine einzige große Zelle oder aber an einen vollständigen Organismus denken. Da Sie weiterhin wissen, dass die Enzyme zwar an allen biochemischen Reaktionen beteiligt sind, sich selbst dadurch jedoch nicht verändern, fällt Ihnen vielleicht auch ein Spiel ein, bei dem sich nur die Umgebung eines Spielers, nicht aber dessen eigene Position, verändert. Wenn Sie nun in andere Richtungen denken, kommt Ihnen möglicherweise auch das Wort Parfüm, das entfernt ähnlich klingt, in den Sinn. Mit diesem Wort assoziieren Sie dann Blumen – und schon hätten Sie eine weitere Idee für ein Spiel: Die eine Partei versucht, möglichst viele Blumen auszureißen, während die andere ihr Bestes tun muss, um sie wieder einzupflanzen.

Wie könnten Sie die folgenden Begriffe in Ihr Themaspiel einbringen:

Korridor, Prinz, Glühbirne, Wagenrad, Hühnerauge?

Metapher und Gleichnis

Denken Sie über die folgenden Gleichnisse nach und geben Sie Gründe dafür an, warum sie zutreffen könnten.

- Kreativität ist wie Kuchenbacken.
- Kreativität ist wie in den Schlamm fallen.
- Kreativität ist wie miteinander schlafen.
- Kreativität ist wie einen undichten Wasserhahn reparieren.
- Kreativität ist wie eine Axt schärfen.

Eine andere gute Methode, im Geiste Verbindungen zu knüpfen, ist der Gebrauch von Metaphern und Gleichnissen. Beide vergleichen zwei Dinge miteinander und heben deren Gemeinsamkeit hervor. Gleichnisse erkennt man leichter, weil sie in der Regel die Wörter *wie* und *gleichsam* oder etwas Ähnliches enthalten. Unsere Sprache ist reich an erstarrten Metaphern – man denke nur an die Stuhl*beine*, die Fett*augen*, den *Schlüssel* zum Erfolg, die *klaren* Gedanken, das *sonnige* Gemüt und die benutzer*freundlichen* Computerprogramme.

Metaphern und Gleichnisse können unsere Gedanken in völlig neue Richtungen lenken. Wenn Sie beispielsweise darüber nachdenken, ob Kreativität tatsächlich dem Kuchenbacken vergleichbar ist, dann könnte Ihnen einfallen, dass man Ideen im richtigen Verhältnis miteinander verrühren, ihnen Zeit zum Aufgehen und sie anschließend bei der richtigen Temperatur »backen« sollte.

Machen Sie sich im Geiste jedes Mal eine Notiz, wenn Sie ein neues Gleichnis oder eine neue Metapher entdecken – sei es in Gesprächen, Fernsehshows, Filmen, Romanen oder Zeitungsartikeln. Fragen Sie sich dann, ob sie zutreffen oder einen Sinn ergeben. Welchen Eindruck machen sie auf Ihre Sinne, Ihre Gefühle oder Ihren Intellekt? Wenn Sie das nächste Mal einen neuen Zugang zu einem Problem finden müssen oder wollen, versuchen Sie, es in Form eines Gleichnisses oder einer Metapher zu formulieren.

Teile und vereine

Eine andere gute Methode, Ideen zu produzieren, ist die so genannte »Attributanalyse«. Bei dieser Technik fertigt man eine Liste der Besonderheiten, Charakteristika und Parameter der jeweils zur Diskussion stehenden Idee oder Vorstellung an. Anschließend verändert man eines oder mehrere dieser Charakteristika, um dadurch eine neue Idee zu schaffen.

Nehmen wir beispielsweise an, Sie arbeiten an der Entwicklung einer neuartigen Tasse. In Ihrer Attributliste haben Sie definiert, dass Tassen einen kreisförmigen Grundriss und einen Henkel besitzen, aus einem harten Material bestehen, einen festen Boden haben und geschmacksneutral sein sollten.

Jetzt jedoch ändern Sie die Richtung Ihrer Gedanken. Suchen Sie sich eines dieser Attribute heraus und ändern Sie es in irgendeiner Weise. Geben Sie also zum Beispiel der Tasse zwei statt nur einen Henkel, so dass man sie von beiden Seiten aufnehmen kann. Befestigen Sie allerdings den Henkel in der Tasse, so würden Sie sich nie mehr den Mund verbrennen, weil Sie dann zwangsläufig bereits mit den Fingern die Temperatur der Flüssigkeit testeten. Für Leute, die oft dicke Handschuhe tragen (denken Sie etwa an Preisboxer oder Hockeyspieler), wäre es dagegen sehr praktisch, wenn der Henkel so groß wie die ganze Tasse wäre.

Indem Sie also einzelne Attribute verändern, schaffen Sie eine Tasse, die ganz bestimmten Zwecken dient. Eine Tasse mit spitzem Boden eignete sich etwa besonders für Picknicks am Strand: Sie würde nicht mehr umfallen. Ein weicher, klebriger Boden wäre ideal für Fahrten auf stürmischer See, da die Tasse dann nicht von den Tischen rutschen könnte. Für Leute, die zu viel Kaffee trinken, könnten Sie ein Loch auf halber Höhe der Tasse anbringen. Für Menschen, die ihren Kaffee gerne süß trinken, könnten Sie die Innenseite der Tasse mit Süßstoff beschichten. Für all diejenigen, die nicht viel Platz haben, wären stapelbare quadratische Tassen von Nutzen, und so weiter und so weiter.

Aus dem Kontext

Denken Sie sich 20 verschiedene mögliche Verwendungen einer Büroklammer aus.

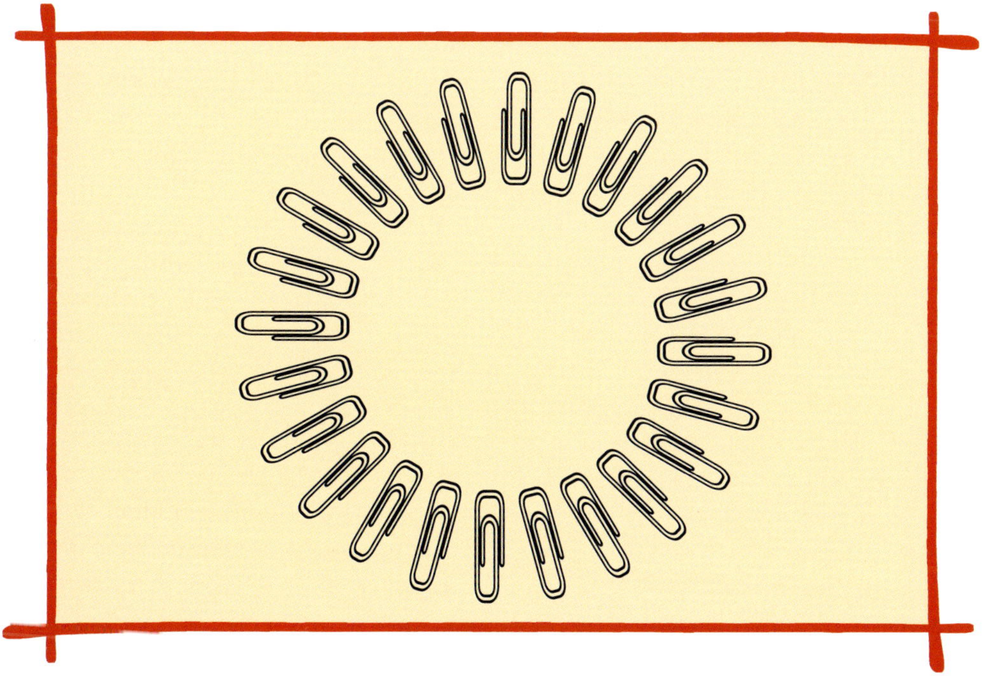

Kreatives Nicht-Denken

Setzen Sie sich auf Ihren Lieblingssessel
und nehmen Sie eine bequeme Haltung ein.

Lassen Sie Ihren Geist still werden
und schalten Sie Ihre Aufmerksamkeit auf Empfang.

Denken Sie nun einige Augenblicke kreativ darüber nach,
wie Sie sich selbst attraktiver machen könnten.

Lassen Sie fünf Minuten lang nur dieses eine Problem
Ihren Geist beschäftigen,
– ohne allerdings über etwaige Lösungen nachzudenken.

Sobald Sie doch über eine Antwort nachzudenken beginnen,
wehren Sie diese Gedanken ab.
Vielleicht verspüren Sie auch den Drang,
in irgendeiner von einem Gedanken
angeregten Richtung weiterzuforschen
– geben Sie ihm nicht nach.
Behalten Sie die Frage im Kopf,
suchen Sie aber nicht in der üblichen Weise nach Antworten.
Seien Sie in diesem Punkt rigoros.

Streben Sie einen reinen Geisteszustand des Fragens an.

Vielleicht erscheint Ihnen diese Übung anfangs sehr schwer;
wenn Sie jedoch alle zunächst auftauchenden Antworten zurückweisen
und in bislang nicht gewohnten Bahnen denken,
dann zwingen Sie sich selbst dazu, irgendetwas wirklich Neues zu entdecken.

Sie beschäftigen mit dieser Übung Bereiche Ihres Geistes, die Sie
wahrscheinlich bislang nicht sehr oft benutzt haben.

Denken Sie daran, dass die Natur das Leere verabscheut.

Dinge erhalten ihre Bedeutung aus dem Zusammenhang, in den sie gestellt werden. Eine Büroklammer dient zum Beispiel in der Regel dazu, Briefe, Notizen und andere Schriftstücke zusammenzuhalten. In einer Werkstatt könnte sie jedoch die Funktion von Draht übernehmen und zwei lose Kabel miteinander verbinden. Auch könnte man mit ihr eine zerbrochene Brille wieder notdürftig reparieren. Ein Dieb könnte damit ein Schloss knacken. Mit ein wenig Haushaltstuch umwickelt, könnte sie auch dazu dienen, das Innere eines Schweizer Taschenmessers zu reinigen.

Indem man eine Sache in einen anderen Kontext stellt, erweitert man ihre Verwendungsmöglichkeiten. Auf einer Reise kann man ein Handtuch beispielsweise zum Kopfkissen, Sonnen-, Sicht- und Windschutz, Geschirrtuch, Beutel, Hemd oder Rückenkratzer umfunktionieren.

Improvisationsübungen

- Fragen zum Aufwärmen
  - Welches war Ihre letzte kreative Idee?
  - Wann haben Sie zum letzten Mal eine kreative Idee in die Tat umgesetzt?
  - Welches waren die fünf kreativsten Dinge, die Sie je getan haben? Denken Sie bis in Ihre Kindheit zurück!
  - Welcher Art war das letzte kreative Risiko, das Sie eingegangen sind? Worum ging es dabei? Was hätte schlimmstenfalls passieren können? Welches wäre der bestmögliche Ausgang gewesen?

- Geistbeugen
  - Sie erhalten eine Kerze, Streichhölzer und eine Schachtel mit Reißzwecken. Nun sollen Sie die Kerze an einer hölzernen Tür so befestigen, dass sie ordentlich brennen kann und genug Licht zum Lesen spendet. Achten Sie, während Sie nun denken, darauf, woher Ihre Ideen kommen.
  - Auf wie viele verschiedene Arten und Weisen kann man die Höhe eines Gebäudes mit einem Barometer messen?

- Sie bewerben sich für eine Stelle als Direktor einer Werbeagentur. Am Morgen Ihres Einstellungsgesprächs wollen Sie irgendwo an der Straße, die der Präsident der Firma für gewöhnlich fährt, eine kreative Botschaft anbringen. Wie könnte sie lauten? Wie würden Sie sie anbringen, damit sie der Präsident auch sicher zu sehen bekommt?
- Sie werden gefragt, wie man einen Tischtennisball aus einem engen Zylinder herausbekommt, der auf dem Boden festgeschraubt ist. Sie wissen, dass die gewöhnliche Antwort auf diese Frage lautet: Man gießt so viel Wasser in den Zylinder, dass der Ball nach oben schwimmt. Sie möchten jedoch eine andere Lösung finden. Wie würden Sie die Sache anfangen und welche Hilfsmittel bräuchten Sie dazu?

Praktische Kreativität

Wählen Sie eine Tätigkeit, die Sie regelmäßig ausführen – wie beispielsweise Kochen, Tagebuchschreiben, den Hund ausführen –, und entwickeln Sie eine Methode, sie kreativer zu gestalten.

Metaphorische Muskeln

Fügen Sie die Ihnen passend erscheinenden Wörter in die folgenden Leerstellen ein und vollenden damit die Gleichnisse und Metaphern:

- Wasser ist für ein Schiff wie ... für das Geschäft.
- Eine Blume passt zur Freude wie ... zum Ärger.
- Ein Wasserhahn ist für ... wie ... für die Freiheit.
- Mein Haus ist ...
- Mein Mann/meine Frau ist ...
- Wahrheit ist ...
- Macht ist ...
- Denken ist ...
- Glück ist ...
- Mein Job ist ...
- Angst ist ... Liebe ist ...
- Ideale sind ...
- Erfolg ist ...Leben ist ...

Synthesemuskeln

Die Vertauschung von Wahrnehmungen ist eine interessante Art und Weise, in die spielerisch-kreativen Bereiche unseres Geistes einzudringen: Schmecken Sie also Geräusche, hören Sie Farben, riechen Sie Empfindungen und so weiter. Versuchen Sie es mit den folgenden Wahrnehmungen:

- Wie riecht das Wort »teilnehmen«?
- Wie fühlt sich die Zahl Sieben an?

- Wie schmeckt die Farbe Blau?
- Wie sieht die Idee der Freiheit aus?
- Welche Form hat Mittwoch?

Wie würden Sie
- einen Gruppensport mit zwei Bällen entwickeln?
- den menschlichen Körper neu gestalten?
- das menschliche Gesicht neu gestalten?
- ein Haus ohne gerade Wände konstruieren?

Alltagskreativität
- Bringen Sie jeden Tag Ihren Körper in die Lage, in die Sie ihn Ihres Wissens noch nie zuvor gebracht haben.
- Erfinden Sie jeden Tag ein neues Wort mit dazugehöriger Bedeutung.
- Denken Sie jeden Tag einen neuen Gedanken.
- Führen Sie jeden Tag eine geistige Übung aus.
- Versuchen Sie einen Monat lang, jeden Tag Ihre Zähne auf eine andere Weise zu putzen.

Spontanzeichnen

Nehmen Sie einen Stift und ein Blatt Papier zur Hand und beginnen Sie zu kritzeln. Denken Sie nicht darüber nach, was daraus werden soll, setzen Sie einfach den Stift aufs Papier und erlauben Sie ihm zu zeichnen. Kümmern Sie sich nicht um das Ergebnis, lassen Sie es einfach werden, wie es will. Zeichnen Sie auf diese Weise wenigstens 15 Blätter voll.

Traum-Programmieren

Träume können eine wahre Quelle der Kreativität und Vorstellungskraft sein. Wenn Sie über irgendeine bestimmte Sache nachdenken wollen, dann behalten Sie, kurz bevor Sie einschlafen, ein Bild davon in Ihrem Geiste. Sehen Sie das Bild aber nicht direkt vor Ihren Augen; stellen Sie sich vielmehr vor, wie es im Hintergrund wartet, bis Sie eingeschlafen sind, um dann völlig zu erscheinen. Wenn Sie dann am nächsten Morgen aufwachen, rufen Sie sich in Erinnerung, worüber Sie im Traum nachgedacht haben, und schreiben Sie es sofort auf. Legen Sie sich für solche Fälle direkt neben dem Bett Papier und Stift zurecht.

Zwei-Minuten-Kreativität

Sehr oft sind wir dann besonders kreativ, wenn wir gezwungen sind, uns aus dem Stegreif etwas einfallen zu lassen. Nichts lockert uns mehr auf, als wenn wir in kurzer Zeit viel erledigen müssen. Sie haben für jede der folgenden Übungen je zwei Minuten Zeit.

- Stellen Sie mit diesem Buch so viele verschiedene Dinge wie möglich an.
- Bringen Sie Ihre Hand in möglichst viele verschiedene Positionen.
- Sprechen Sie das Wort »Abend« in möglichst vielen verschiedenen Weisen aus.
- In der folgenden Zeichnung sehen Sie drei Figuren. Zeichnen Sie zwei Minuten lang aus diesen Formen so viele Muster wie möglich.

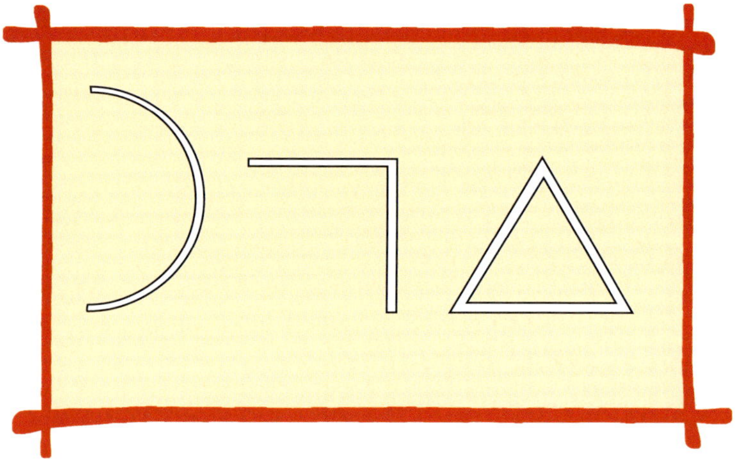

Halten Sie sich fit!

Wie würden Sie Ihre geistige Stärke einschätzen?

1. Wie lautete noch mal die Frage?
2. Meine Aufmerksamkeitsspanne ist kürzer als ein Werbespot.
3. Wenn ich muss, kann ich mich konzentrieren.
4. Ich schaffe 50 geistige Klimmzüge pro Minute.
5. Stellen Sie mich in eine Reihe mit Newton, da Vinci und Einstein.

Wie würden Sie Ihre geistige Flexibilität einschätzen?

1. Dinge sind entweder schwarz oder weiß.
2. Manchmal können Dinge auch grau sein.
3. Ich kann oft eine Sache von verschiedenen Seiten betrachten.
4. Meine Vorstellungskraft ist recht geschmeidig.
5. Ich bin ein wahrer geistiger Schlangenmensch.

Wie würden Sie Ihre geistige Ausdauer einschätzen?

1. Ist nicht endlich Schluss mit dieser Fragerei?
2. Ich kann mich so lange konzentrieren, bis mir etwas Besseres über den Weg läuft.
3. Wenn ich muss, kann ich mich in die Riemen legen und bis zum Schluss durchhalten.
4. Mein Spitzname ist »Durchhalter«.
5. Ich nehme regelmäßig an geistigen Marathons teil und komme dabei nicht einmal außer Atem.

Wie würden Sie Ihre geistige Koordination einschätzen?

1. Denke ich manchmal klar nicht wirklich, manchmal, kapiert?
2. Unter Druck stolpere ich über meine Gedanken.
3. Gewöhnlich überdenke ich die Dinge gründlich.
4. Mein Denken ist wie wunderschöne Musik.
5. Bei jeder Mental-Olympiade bin ich der Sieger!

Entwickeln Sie eine Übungsroutine

»Ganz im Hintergrund unseres Bewusstseins
wissen wir, was wir tun sollten;
doch irgendwie schaffen wir es nicht,
die Sache in Angriff zu nehmen.
In jedem Augenblick erwarten wir, dass der Bann bricht,
doch Pulsschlag um Pulsschlag hält er weiter an,
und wir lassen uns mit ihm treiben.«

William James
amerikanischer Philosoph, 19. Jahrhundert

Es ist eine seltsame Sache mit all dem, wovon wir wissen, dass es gut für uns ist. Auch wenn wir eigentlich wirklich etwas für unseren Körper oder Geist tun wollen – und obwohl uns völlig bewusst ist, dass wir uns *nach* dem Training besser fühlen –, bringen wir doch nur selten die Tatkraft dazu auf. Entweder fehlt uns angeblich die Zeit oder wir sind nicht in Stimmung, oder wir vergessen es schlicht und einfach.

Keine Fähigkeit fällt uns einfach in den Schoß: Wir müssen sie uns vielmehr durch beharrliches Üben aneignen. Um dafür die Zeit zu finden, müssen wir Prioritäten setzen. Wenn eine Sache wirklich wichtig ist, dann haben wir auch Zeit, uns damit zu befassen, indem wir eben weniger Wichtiges hintanstellen. Eine Viertelstunde Mentaltraining pro Tag ist doch wirklich keine große Investition, wenn man bedenkt, wie viel Dividende sie uns einbringt. 15 Minuten sind nicht einmal zwei Prozent eines Sechzehnstundentages.

Zudem können Sie geistige Übungen an jedem Ort und zu jeder Tageszeit durchführen: an der Bus- oder Straßenbahnhaltestelle, im Wartezimmer des Zahnarztes, beim Schlangestehen an der Supermarktkasse, auf dem Weg zur Arbeit usw. Wenn Sie die Gewohnheit entwickeln, Ihre Zeit sinnvoll auszunutzen und zweckgerichtet zu denken – also sämtliche Möglichkeiten einer Entscheidung gründlich in Erwägung zu ziehen, sich auf etwas zu konzentrieren oder sich einfach zu entspannen –, dann wird Ihr Geist bald immer lockerer werden.

Führen Sie einmal das Experiment durch, zwei Wochen lang täglich 15 Minuten für das Training Ihres Geistes freizuhalten. Es spielt dabei, wie gesagt, keine Rolle, ob Sie den Morgen, Mittag oder Abend für diese Übung wählen. Sie können beispielsweise auf eine bestimmte Fernsehsendung verzichten und Ihre geistigen Muskeln beanspruchen. Wichtig ist lediglich, dass Sie die betreffende Zeitspanne frei von Ablenkungen halten. Diese Viertelstunde sollte vollkommen und ausschließlich der Erfüllung Ihres Wunsches vorbehalten bleiben, Ihren Geist in Hochform zu bringen.

Behalten Sie in Erinnerung, dass jedes Training mit Lockerungsübungen beginnen sollte. Entspannen und beruhigen Sie also zunächst Ihre Atmung und sammeln Sie Ihre Aufmerksamkeit. Arbeiten Sie sich vom Einfachen zum Schwierigeren vor. Erscheint Ihnen eine Übung zu schwer, dann gehen Sie zu etwas anderem über und kommen bei nächster Gelegenheit darauf zurück. Je geübter Sie werden, desto abwechslungsreicher sollten Sie Ihr Trainingsprogramm gestalten. Erfinden Sie eigene Übungen und nutzen Sie die früheren Aufgaben als Sprungbrett für eine größere und belebendere geistige Aktivität.

Und vergessen Sie nicht: Das eigentliche Ziel des geistigen Trainings ist die Erforschung des eigenen Geistes – nehmen Sie sich also Zeit zum Denken. Gestatten Sie sich keine Schlampereien – dringen Sie bis zu den Wurzeln Ihres Denkens vor. Durchforsten Sie Ihren Geist bis in die letzten Winkel, in denen der Staub des eingefahrenen Alltagsdenkens liegt.

Wie sieht Ihr weiterer Weg aus?

Der menschliche Geist (das englische Wort *mind* sagt mehr über die geistig-seelische Einheit aus) ist etwas sehr Bemerkenswertes. Wir können ihn nicht berühren. Wir können ihn nicht riechen. Wir können ihn nicht hören. Und wir können nicht darauf zeigen. Dennoch ist er immer bei uns. Er erschafft unsere Welt und gestaltet unser Leben. Wir können ihn nicht einmal genau definieren und schon gar nicht vollständig erklären. Ist er Teil unserer Persönlichkeit? Teil unseres Körpers? Summe unserer Gehirnfunktionen, Denkvorgänge, Emotionen? Ist er abhängig von hormonellen Einflüssen? Ist er unser Bewusstsein und unser Unterbewusstsein zugleich? Analytischer Verstand, Gedächtnisdrill und Traumerleben in einem?

Einen leistungsfähigen Geist zu haben bedeutet nicht unbedingt, imstande zu sein, binnen einer Stunde die Differentialrechnung zu lernen oder von nun an nie mehr schlechte Laune zu haben. Es bedeutet auch nicht, dass wir künftig immer die bestmöglichen Entscheidungen treffen oder auf jede Frage stets die richtige Antwort finden werden.

Einen leistungsfähigen Geist zu haben bedeutet vielmehr, dass wir imstande sind, in genau die Richtung zu denken, in die wir denken wollen. Es ist die Fähigkeit zu entscheiden, in welche Richtung unsere Gedanken gehen sollen.

Wohin können Sie durch das geistige Training gelangen? Diese Frage können Sie nur selbst beantworten. Vielleicht möchten Sie die Welt des logischen Denkens eingehender erforschen. Möglicherweise wollen Sie aber auch die bunte Welt Ihrer schöpferischen Vorstellungskraft durchwandern. Oder haben es Ihnen die Worte oder die Zahlen angetan? Vielleicht möchten Sie aber auch das Reich der Möglichkeiten oder der praktischen Bestätigung näher untersuchen.

Letztlich werden Sie jedoch erkennen, dass zwischen den abstrakten geistigen Übungen und dem alltäglichen Denken kein allzu großer Unterschied besteht. Ihr Geist wird immer auf die Herausforderungen reagieren, die Sie sich selbst stellen. Solange Sie beobachten und handeln, werden Sie ständig Neues hinzulernen. Aktives Denken wird Ihren Geist fit halten.

»Es genügt nicht, einen scharfen Verstand zu haben,
die Hauptsache ist, ihn richtig zu gebrauchen.«

René Descartes
Französischer Philosoph und Mathematiker, 17. Jahrhundert

Anhang: Lösungen

Wörter bilden (Seite 43)
GEIST: Ei, Eis, es, seit, sie, Sieg, Steg, Steig, Teig.
GEHIRN: Ei, ein, er, Ern, Gen, Ger, gern, Gier, hier, Hirn, in, nie, Re, Reh, rein, Ren, Rige, Ring.
AUSDAUER: Aas, Ader, As, Aue, aus, daraus, das, Dauer, der, du, Dur, er, es, Rad, Re, Sau, sauer, Sud, Sure.
TRAINING: an, Art, gar, Garn, Gran, Grat, in, innig, Rain, Rang, Rat, Ring, Tag, Tang, Tann, Tran.
AUFMERKSAMKEIT: Aas, Amme, Amt, Arm, As, Ast, auf, aus, Ei, Eimer, er, es, fast, Faust, Fee, feist, fies, Furt, immer, Kamm, Karst, kaum, Keim, Keramik, Kram, Kreis, Mai, Mais, Mark, Marke, Mast, Mauer, Maus, Maut, Meer, Meise, Meister, Meute, mit, Mus, Mut, Rast, Raum, Reim, Reise, Rest, Reuse, Rum, Rute, Saat, Saft, Same, Samt, Sau, sauer, Saum, See, Seim, seit, sie, Summe, Tau, Taufe, Tee, Teer, Tier, Traum, Turm.
KONZENTRATION: Akt, Aktion, an, Art, atzen, ein, er, Ion, Kanne, Karte, Katze, Kino, Kitz, kontra, Korn, Kot, kotzen, Kran, Kranz, nett, Netz, nie, None, Nonne, Norne, Not, Note, Ornat, Ranzen, Ranzion, Rat, Rate, raten, Ration, Ratte, Re, Ren, Rinne, Ritze, rot, Rotte, Rotz, Takt, Tanne, Tante, Tanz, tanzen, Tat, Tatze, Tier, Ton, Tonne, Tor, Torte, Tran, Zar, zart, Zier, Zinne, Zone, Zoo, Zorn, Zote.

Erweiterte Anagramme (Seite 43)

ODE, Mode, Modem	EBEN, Leben, bellen	LEU, Ulme, Lumme
TURM, Traum, Trauma	REBE, Leber, Rebell	ROT, Tort, trott
NIE, nein, innen	LIST, Liste, Leiste	ADEL, Laden, landen
ELAN, Nagel, Galgen	NAHE, Sahne, hassen	RASEN, rasten, starten
ZUG, Zeug, Zeuge	GEL, Egel, Gelee	EIS, seit, Sitte

Alphabetverschiebung (Seite 44)
BUNT = HATZ (6 Buchstaben nach vorn)
JAZZ = DUTT (6 Buchstaben zurück)
LOCH = RUIN (6 Buchstaben nach vorn)
HUT = BON (6 Buchstaben zurück)
SINN = KAFF (8 Buchstaben zurück)
TAG = AHN (7 Buchstaben nach vorn)
DANN = HERR (4 Buchstaben nach vorn)
LATZ = SHAG (7 Buchstaben nach vorn)
BOR = REH (10 Buchstaben nach vorn)
ODE = LAB (3 Buchstaben zurück)
JET = TOD (10 Buchstaben nach vorn)

Wörter

Gedankenkreis (Seite 63)
Es gibt wenigstens fünfundzwanzig Wörter:
As, das, Dasein, Ei, ein, Engel, Ente, er, Ertrag, ertragen, Gel, Geld, Gen, in, Rage, ragen, Rasen, Re, Ren, Rente, sein, Tee, Teer, Trage, tragen.

Probleme lösen

Zoo in Kirchheimbolanden (Seite 75)
Wenn Säugetiere + Vögel = 30, dann Säugetiere = 30 – Vögel. Ersetzt man in der Gleichung: 4 x Säugetiere + 2 x Vögel = 100 die Säugetiere durch 30 – Vögel, dann erhält man: 4 x (30 – Vögel) + 2 x Vögel = 100. Deshalb ist 120 – 4 x Vögel + 2 x Vögel = 100. 120 – 2 x Vögel = 100. 20 = 2 x Vögel. Also gibt es im Zoo von Kirchheimbolanden zehn Vögel und zwanzig Säugetiere.

Drei Missionare und drei Kannibalen (Seite 76)
Zuerst überqueren ein Missionar und ein Kannibale den Fluss. Der Missionar fährt wieder zurück.
Zwei Kannibalen überqueren den Fluss. Ein Kannibale kehrt wieder zurück.
Zwei Missionare überqueren den Fluss. Ein Missionar und ein Kannibale kehren zurück.

Zwei Missionare überqueren den Fluss. Ein Kannibale kehrt zurück.
Zwei Kannibalen überqueren den Fluss. Ein Kannibale kehrt zurück.
Die letzten zwei Kannibalen überqueren den Fluss.

Wortadditionen (Seite 76)

ZWEI	+ ZWEI	= VIER		BLAU	+ ROT	= LILA
3102	+ 3102	= 6204		8953	+ 742	= 9695
ROSS	+ ESEL	= MULI		VIER	+ EINS	= ACHT
4122	+ 5258	= 9380		2148	+ 4159	= 6307

ABCDE x 4 = EDCBA
21978 x 4 = 87912

Drei Freunde würfeln (Seite 76)
Arbeiten Sie rückwärts, um dieses Problem zu lösen. Beginnen Sie mit dem Geld, das die Spieler nach ihrem dritten Spiel besitzen. Halbieren Sie dann bei zwei Spielern den Geldbetrag und verdoppeln Sie ihn beim dritten. Nun wissen Sie, wie viel Geld jeder Spieler nach dem zweiten Spiel besaß. Verfahren Sie noch zweimal in derselben Weise.

	1. Spieler	2. Spieler	3. Spieler
3. Spiel	36,00 Euro	36,00 Euro	36,00 Euro
2. Spiel	18,00 Euro	18,00 Euro	72,00 Euro
1. Spiel	9,00 Euro	63,00 Euro	36,00 Euro
Start	**58,50 Euro**	**31,50 Euro**	**18,00 Euro**

Ohrringe (Seite 76)
Im Dorf gibt es insgesamt 500 Ohrringe.

Hinz und Kunz (Seite 76)
Das Verhältnis ist ausgewogen. Nehmen wir an, ein Teelöffel enthält 10 Prozent der Gesamtmenge Flüssigkeit in einer Tasse. Ein Teelöffel von Hinzens Kaffee-Milch-Gemisch würde demnach 90 Prozent Kaffee und 10 Prozent Milch enthalten. Das bedeutet, dass 9/10 Teelöffel Kaffee in die Milch gerührt werden. Da aber der Löffel 1/10 Teelöffel Milch enthält, bleiben die

restlichen 9/10 Teelöffel Milch im Kaffee. Jede Tasse enthält also 9/10 Teelöffel der jeweils anderen Flüssigkeit.

Künstler (Seite 78)
Stellen Sie die Statuen so auf:

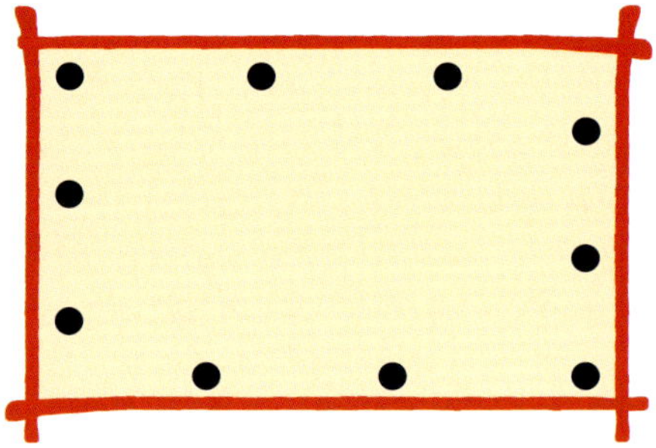

Eine einzige Linie (Seite 78)
So müssen Sie es machen:

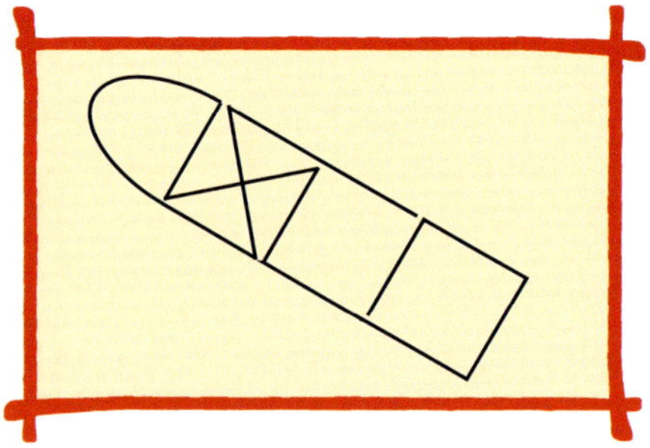

Magisches Sechseck (Seite 78)
Falten Sie zunächst das Papier zweimal auf die Hälfte, also vertikal und horizontal, um die Linien AB und CD zu bilden. Anschließend falten Sie von A nach O und von B nach O, um GE und FH zu erhalten. Falten Sie nun AJ so, dass J auf der Linie GE bei dem Punkt G zu liegen kommt. Verfahren Sie ebenso mit den drei anderen Ecken, um die Punkte E, F und H zu bekommen.

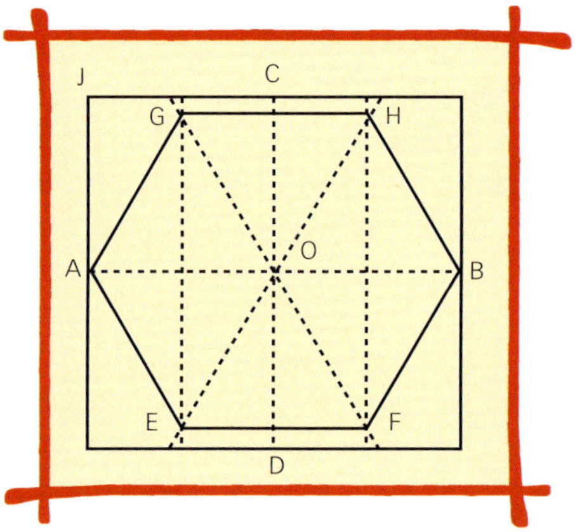

Fünfeck (Seite 79)
Im Fünfeck gibt es 35 Dreiecke. Um die richtige Antwort zu finden, können Sie sie entweder zählen oder aber das Problem systematisch angehen. Nummerieren Sie zuerst die durch die Linien gebildeten einfachen geometrischen Figuren innerhalb des großen Fünfecks (10 Dreiecke und 1 Fünfeck in der Mitte) von links nach rechts und von oben nach unten. Da die Figur symmetrisch ist, können Sie sich nun einen beliebigen Eckpunkt aussuchen und die Anzahl der Dreiecke zählen, die zu diesem Eckpunkt in Beziehung stehen – das heißt, die ihn entweder berühren oder ihm exakt gegenüberliegen. Für die obere Ecke gibt es 7 Dreiecke, die zu keinem anderen Eckpunkt in der genannten Beziehung stehen, nämlich: (1,2), (2), (1,2,3), (1,2,4,5,9), (2,5,8,9,11), (4,5,6), und (11). Dasselbe gilt für jede der vier anderen Ecken – es gibt also 5 mal 7 Dreiecke = 35 Dreiecke.

Sieben Männer und zwei Buben (Seite 80)
Auch zur Lösung dieses Rätsels können Sie ein Muster erstellen. Zuerst fahren zwei Buben über den Fluss. Ein Bub kehrt zurück. Ein Mann fährt hinüber. Der zweite Bub kehrt zurück und nimmt den anderen Bub mit ans Ufer. Um einen Mann über den Fluss zu bringen, sind also vier Fahrten nötig. Da es sieben Männer sind, muss das Boot 28-mal über den Fluss fahren und ein letztes Mal, um die beiden Buben hinüberzubringen.

Mäuselabyrinth (Seite 80)
Es gibt insgesamt 35 mögliche Wege. Das Problem lässt sich durch die Erkenntnis lösen, dass die Anzahl der möglichen Wege zu einem beliebigen Quadrat X der Summe der Wege zu den unmittelbar nach X führenden Quadranten entspricht.

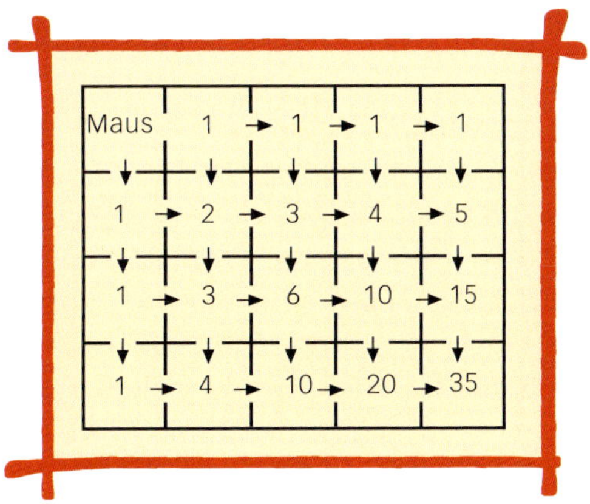

Kreisaddition (Seite 80)
Dies ist nur eine von vielen Möglichkeiten, die Zahlen anzuordnen.

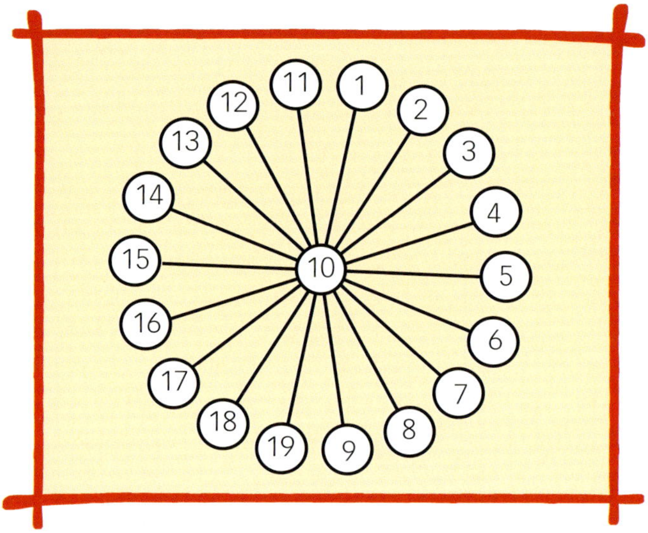

RADAR (Seite 81)
Jedes Wort muss mit dem Buchstaben R beginnen. Für jedes vorhandene R gibt es 20 Möglichkeiten, das Wort Radar zu lesen. Da es in der Abbildung 4 Rs gibt, erhalten wir insgesamt 80 verschiedene Möglichkeiten.

Keksdosen (Seite 82)
Nehmen Sie je ein Plätzchen aus der »Butterplätzchen und Vanillekipferln«-Dose. Da die Dosen ja alle falsch etikettiert wurden, bekommen Sie entweder ein Butterplätzchen oder Vanillekipferl. Sie beschriften die Dose entsprechend. Hatten Sie ein Butterplätzchen erwischt, so muss die Dose mit der Aufschrift »Vanillekipferln« die gemischten Plätzchen enthalten, da *alle* Etiketten falsch waren. Die dritte Dose, die ursprünglich mit der Aufschrift »Butterplätzchen« versehen war, enthält dann zwangsläufig die Vanillekipferln.

Kettenglieder (Seite 82)
Wenn Sie vier Glieder einer Kette öffnen und mit diesen die restlichen vier Ketten miteinander verbinden lassen, brauchen Sie nur (4 x 5) + (4 x 7) = 48 Cent zu bezahlen.

Stromausfall (Seite 82)
Es genügt völlig, wenn Sie 3 Socken aus der Schublade holen, um ein Paar gleicher Farbe zu erhalten.

Silber (Seite 83)
Der Hausbesitzer teilt den Silberbarren mit 3 Schnitten in 4 Teile, die jeweils 3 cm, 6 cm, 12 cm und 24 cm lang sind. Am ersten Abend gibt er dem Handwerker das kürzeste Stück. Am zweiten Tag verlangt er es zurück und gibt ihm dafür das 6 cm lange Stück. Am dritten Tag gibt der Besitzer dem Arbeiter das 3 cm lange Silberstück. Am vierten Tag verlangt er beide zurück und gibt ihm das 12 cm lange Stück und so weiter.

Die Münzen des Onkels (Seite 83)
Sie legen als ersten Schritt jeweils 8 Münzen in jede Waagschale. So finden Sie heraus, bei welcher Achtergruppe sich die Goldmünze befindet – entweder ist eine der gewogenen schwerer oder es muss die nicht gewogene sein. Von diesen 8 Münzen wiegen Sie als zweiten Schritt 6. Sie legen also je drei Münzen in die Waagschalen. Sind die Schalen gleich schwer, befindet sich die Goldmünze bei den restlichen beiden Münzen und Sie wiegen sie als dritten Schritt. Ist eine der Waagschalen schwerer als die andere, so ist die Goldmünze bei diesen 3 Münzen. In diesem Fall wiegen Sie jetzt 2 von ihnen. Entweder eine von diesen ist die gesuchte, dann ist die eine Waagschale schwerer als die andere; oder aber die dritte, nicht gewogene, ist die Goldmünze.

Straßengabelung (Seite 83)
Es gibt zwei Möglichkeiten. Erstens können Sie einen der beiden Männer fragen: »Wenn ich Sie fragen würde, ob dies«, dabei deuten Sie in eine der beiden Richtungen, »der richtige Weg nach Kleinwinternheim ist, würden Sie dann mit Ja antworten?« Wenn der Gefragte der Lügner ist, dann würde er zwar – wenn der Weg tatsächlich der richtige wäre – mit Nein antworten, doch würde er die Frage nach dieser Antwort auch falsch beantworten, also Ja sagen. Da er eine (falsche) Aussage über seine hypothetische (falsche) Auskunft macht, sagt er die Wahrheit. Nach dieser ersten Methode erhalten Sie also in jedem Fall eine wahre Antwort.
Zweitens könnten Sie einen der beiden Männer fragen: »Was würde dieser Mann«, dabei zeigen Sie auf den anderen, »sagen, welcher von diesen beiden

Wegen nach Kleinwinternheim führt?« Der Aufrichtige würde wahrheitsgemäß die Lüge des anderen referieren. Der Lügner dagegen würde in Bezug auf die wahre Aussage des Aufrichtigen lügen. In jedem Fall würde man Ihnen also den falschen Weg zeigen.

Sechs Streichhölzer (Seite 86)
Die Lösung ist, ein Tetraeder zu konstruieren.

Vier Streichhölzer (Seite 86)
Ziehen Sie das unterste Hölzchen so weit nach unten, dass ein kleines Quadrat in der Mitte des Streichholzkreuzes entsteht.

Seidenstricke (Seite 87)
Der Dieb bindet zunächst die beiden unteren Enden der Stricke zusammen. Dann klettert er an einem Strick hinauf und schneidet den andren etwa 50 Zentimeter unterhalb der Zimmerdecke ab. Dieses Ende verknotet er nun zu einer Schlinge und hangelt sich hinüber. Dann schneidet er den anderen Strick ab, hält ihn aber fest und zieht ihn durch die Schlinge, in die er geklettert ist. Nun lässt er sich an beiden Enden des durch die Schlinge gezogenen Strickes so weit hinunter, dass er gefahrlos abspringen kann, und zieht dabei den losen Strick mit.

Christas Taxi (Seite 87)
Wenn der Taxifahrer wirklich taub gewesen wäre, wie hätte er dann hören können, wohin Christa gefahren werden wollte? Wie hätte er dann außerdem merken können, dass sie sich überhaupt mit ihm unterhielt?

Böser Geldverleiher (Seite 87)
Die Frau fasst schnell in den Beutel, holt eine der beiden Pralinen heraus und lässt sie so schnell in ihrem Mund verschwinden, dass man die Farbe nicht erkennen kann. Auf den Protest des Geldverleihers hin holt sie die andere Praline aus dem Beutel. Da diese schwarz ist, muss die andere, wie sie dem bösen Mann erklärt, ja weiß gewesen sein. Sie ist frei.

Bullauge (Seite 88)
Das Wasser steigt nie bis zum Bullauge, da sich das Schiff ja mit dem Wasser hebt.

Tunnel (Seite 88)
Die Züge fahren zwar am selben Nachmittag, doch zu verschiedenen Zeiten durch den Tunnel.

Radbelastung (Seite 88)
Das Reserverad.

Bakterien (Seite 88)
Da sich die Bakterien jede Stunde verdoppeln, muss der Behälter eine Stunde vor Mitternacht halb voll und zwei Stunden vor Mitternacht viertel voll gewesen sein, also um 10 Uhr abends.

Plötzlicher Tod (Seite 88)
Die Frau lag in einer eisernen Lunge. Als der Mann auf den Fahrstuhlknopf drückte, geschah überhaupt nichts. Er wusste mithin, dass im ganzen Haus der Strom ausgefallen war und deshalb seine Frau gestorben sein musste.

Albatros (Seite 88)
Der Seemann ist blind. Er erlitt einstmals Schiffbruch und musste sich mit seinen Kameraden von Albatrosfleisch ernähren – wenigstens hatten dies sei-

ne Kameraden behauptet. Als er nun den ersten Bissen Albatros im Restaurant aß, merkte er, dass das Fleisch ganz anders schmeckte und dass man ihn damals belogen hatte. Daraus schloss er, dass es sich bei dem angeblichen Albatros um das Fleisch toter Kameraden gehandelt haben musste.

Mord (Seite 89)
Die Frau ist ein siamesischer Zwilling.

Seltsames Verhalten (Seite 89)
Die Frau hatte Schluckauf.

Einfach erstaunlich (Seite 95)

Hier ist des Rätsels Lösung:

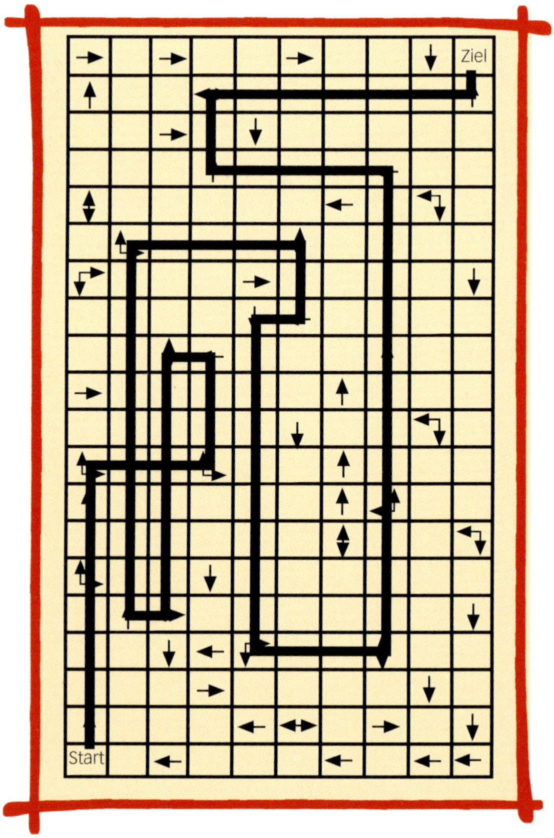

Zahlenmuster (Seite 115)

- Der nächste Buchstabe in der Folge A E F H I K L M … ist N. Die Reihe enthält alle Buchstaben mit ausschließlich geraden Strichen.
- Die nächste Zahlen-Buchstaben-Kombination der Reihe J30 J31 A31 S30 O31 N30 lautet D 31. Die Buchstaben stehen für die Monate des Jahres und die Zahlen für die Anzahl der Tage des jeweiligen Monats.
- Die nächste Zahl der Reihe 98 34 14 10 lautet 2. Die Reihe wird fortgesetzt, indem man die Quersumme der jeweils letzten Zahl mit 2 multipliziert.
- Die nächste Zahl der Reihe 3 1 4 1 5 9 2 6 5 3 ist 5. Diese Folge sind die ersten Ziffern der Zahl Pi
- Der nächste Buchstabe der Reihe Q W E R T ist Z. Dies ist die Buchstabenfolge auf der Computertastatur.

Moni und Toni (Seite 116)

Heini, Moni und Toni, Loni, Erni, Vroni.

Thomas, Michael und Harald (Seite 116)

Thomas ist der älteste, Michael der zweitälteste und Harald der jüngste der drei. Dieses Problem lässt sich leicht lösen, wenn Sie es mathematisch angehen. Thomas ist doppelt so alt wie Michael, also T > M. Aus der Aussage »wenn Harald so alt ist wie Thomas jetzt«, können wir ebenfalls entnehmen T > H. Also ist Thomas der Älteste. Wenn Harald so alt ist wie Thomas jetzt, wird Thomas doppelt so alt wie Michael sein. Diese Aussage können wir wiedergeben als »wenn T = H, dann T = 2M«.

Sinnerfüllt lesen

Weitere Ratgeber
bei Ariston

Safi Nidiaye

Probleme lösen mit Meditation

Selbsthilfe für den Alltag

160 Seiten, Broschur
ISBN 3-7205-2662-3

Ein wertvoller Ratgeber, um sich auf sich selbst zu besinnen und die Herausforderungen des Lebens positiv zu bewältigen. Viele Dinge lassen sich im Leben nicht einfach ändern – und wir werden nur dann Zufriedenheit erlangen, wenn wir unsere Einstellung zu den Dingen ändern. Safi Nidiaye, Erfolgsautorin im Bereich spiritueller Lebenshilfe, zeigt in ihrem neuen Buch, wie sich diese Erkenntnis praktisch und konkret umsetzen lässt.
Lernen Sie Meditation als eine Methode kennen, die Ihnen ermöglicht, zu einem neuen Umgang mit Problemen, Konflikten und Herausforderungen des Alltags zu kommen. Safi Nidiaye bietet Ihnen leicht nachvollziehbare Übungen und viele praktische Beispielen, wie Sie sich von Problemen nicht entmutigen lassen, sondern sie als versteckte Chancen für Ihre persönliche Weiterentwicklung nutzen.

ARISTON

Rita Pohle

Feng Shui für die Seele

Acht Wege zur eigenen Mitte

160 Seiten, Broschur
ISBN 3-7205-2661-5

Feng Shui ist die Kunst, sein Leben in Harmonie mit der eigenen Umwelt zu gestalten. Nach Feng Shui zu leben wirkt sich konkret auf die Gestaltung der eigenen Wohn- und Lebensräume aus. Übertragen auf die menschlichen »Innenräume« hilft es Ihnen, Ihre persönlichen Wünschen und Zielen zu verwirklichen und bringt Sie somit Ihrer eigenen Mitte näher.
Rita Pohle berät seit vielen Jahren Menschen, ihr Leben nach Feng Shui auszurichten. In *Feng Shui für die Seele* wendet sie die Prinzipien des Feng Shui an, um Ihnen Wege zu zeigen, zu innerer Balance und Ausgeglichenheit zu gelangen.

Gehen Sie auf eine Reise, die Ihr Leben grundlegend verändern kann – und wählen Sie Ihren Weg, um zu sich selbst zu finden!

ARISTON